绝境大逆转

深陷困境企业的15条自救法则

《日经信息战略》杂志 / 编著

许璐玮 / 译

ZHEJIANG UNIVERSITY PRESS

浙江大学出版社

目录

第一章

绝处逢生

第二章

改革者的风范

第四章

「基层」的力量

在往返于中日的航班上,断断续续地把《绝境大逆转》读完,个别章节则是读了几遍。这样做,是因为书中提到的一些企业,如豪斯登堡、BOOKOFF,我自己去过;书中提到的一些人,如 SEVEN 银行的安斋隆行长等,我自己采访过,特别是在他们还算不上特别有名的时候我就采访过。有了这些经历,我自然对书中的内容特别感兴趣。不过更多的原因是,书中的文章大多在《日经信息战略》杂志上发表过,是经润色后编辑成书的。我自己经常为中日两国杂志撰稿,深知采访不易。采访的时候,往往几人经过多次讨论后才成稿,编辑则一遍又一遍地审稿,主编那里还会有相当多的修改意见。我自己这些年更喜欢读杂志上的文章,特别是日本杂志的文章,我深知这里的文章大多是细活做出来的,本书更是以这些细活为基础,经反复推敲后面世的。

半年前，我已经拿到书稿，一直在看在想该如何为这本书写序。从书中一个一个看似平常的小故事中，读者可以了解到日本企业界那些顽强奋斗、努力扭转困境的人才。书中谈到的很多人，是靠顽强、不获全胜绝不收兵的精神才克服困难，最终胜出的。

我自己在国内也采访过一些企业领导，让我感触最深的是，中国的企业领导大多是非常好的鼓动家、眼光敏锐的市场观察者，但在深入一线、致力于改善一线、和员工打成一片等方面做得很好的为数不多。

书中介绍的日本企业的改革方法具有普遍意义上的可学性，可以成为中国企业领导在经营管理过程中的参考。书中介绍的方法和经验学起来不难，学一点就能有一点成效。

我们现在也许比以往任何时候都更需要对日本有全面的认识。对于日本右翼势力的挑衅，自然要以几倍、几十倍的严厉反击来彻底打压其气焰，但这并不影响我们向日本企业学习好的经营经验。

经济发展有其内在规律，在快速增长期，大多数企业都有成长空间，似乎做什么都很容易取得成绩。但经济最终又都会走出稳定发展阶段，快速增长时期的泡沫也终将会破灭，企业的经营会变得困难起来。日本企业在走过泡沫阶段后，遭遇到了书中谈到的种种困难。我相信，今后中国企业也多多少少会遇到

类似的困境。本书让我们隐隐约约地看到了那些可能会遇到的
难题,也相应地介绍了一些有效的解决方法。

陈　言

日本企业（中国）研究院执行院长

"**成**为最先跳入水中的企鹅吧！"——这句话是已故的石桥博良先生常对员工说的一句口头禅。他是本书案例企业之一——日本天气新闻公司（Weathernews）的创始人。这句话中寄托着他对员工们的期望："就像为了觅食而第一个跳入大海的企鹅一样，在面对任何状况时都要鼓起勇气，不怕失败。"

他的员工们没有辜负这一期望，在他们的共同努力下，Weathernews 推出了一系列崭新的气象服务。例如，将观测仪器获取的数据和被称为 Supporter（支持者）的个人会员通过手机等发来的直观气象信息进行汇总和分析，预测短时间内会在局部出现的天气情况，比如雷阵雨等。2011 年 3 月 11 日东日本大地震发生后，Weathernews 在网站上免费向公众提供了"减灾报告地图"，上面标注了会员提供的灾区建筑物损坏程度、道路裂缝、基础管网的中断和抢修情况等信息。

作为石桥的接班人，现任社长草开千仁说道："Weathernews一直以来把'气象永不停息（Weather Never Sleeps）'作为口号，时刻敦促员工思考'在关键时刻能否为社会提供帮助'。因此地震发生之时，我马上对员工说'此刻正是关键时刻'。"于是随着第一只企鹅纵身跃入大海，便不断有新的力量加入其中。

本书从经济管理类杂志《日经信息战略》的连载专栏"改革的轨迹——那些项目的幕后"中选取了 15 个在读者中引起很大反响的企业案例，并对其进行了整理。在编辑出版过程中，我审读了每个案例，首先浮现在脑海中的是"成为最先跳入水中的企鹅"这句话。这是因为，在本书中出现了好几个挺身而出、克服困难的"最先跳入水中的企鹅"。

这些人有：现在已经成为大型国际旅行集团的日本 HIS 国际旅行集团的创始人泽田秀雄，他在就任豪斯登堡社长一职后，仅用半年时间就实现了公司的首次赢利；王将食品服务公司的董事长大东隆行，他在公司面临破产危机的情况下就任董事长，依靠回归原点的发展战略，使中式餐厅连锁店"王将饺子"起死回生，并成为在日本颇具人气的餐饮店；在流通界成功完成多个项目经营重组，以"改革专业户"闻名的久保恒夫，他使关东的高级食品超市成城石井再次走上平稳发展的轨道。这些企业家的共同之处是决策果断、能深入基层、拥有把握实际情况的敏锐洞察力。

当然，无论多么优秀的企业家，都不可能在逆境中独自完成改革。本书所选取的案例的共同特征是，公司的领导者和员工都有很强的主人公意识，并全力支持改革。只有从领导层到最前线的基层人员都团结一致，公司才能渡过危机，并创造出新的企业文化。例如，因"白色恋人"而为人熟知的西式甜点生产商石屋制果株式会社在 2007 年曾因篡改食品保质期而陷入存亡危机，从公司外部招聘来的岛田俊平取代了以前的创业者，在他的领导下，员工们齐心协力，致力于管理能力和产品质量的提升，并严格遵守国家法律法规，终于再次赢得了消费者的信赖，并实现了业绩的回升。

此书当中不乏年轻的"企鹅"，他们率先"入水"，改革组织结构，推出新的产品和服务。2009 年，在文具界大放异彩的 KING JIM（锦宫株式会社）的拆叠式电子记事本"Pomera"的研发者立石幸士是该公司的中坚力量，他却称自己为"闲人"。他的产品研发议案在董事会上仅有一人表示认可，但是 KING JIM 董事长宫本彰的一贯主张是"会议上 9 成以上人员都看好的产品反而不畅销"，于是批准了对该产品项目的研发。后来，该产品成了 KING JIM 继文件夹、标签打印机"TEPRA"热卖 20 年后新面世的畅销品。另一个案例则发生在如今各大啤酒公司都有产品投入的无酒精啤酒市场，有一位刚刚从化妆品生产公司跳槽来的年轻女性，在麒麟控股株式会社（以下简称麒麟公司）的

"Kirin Free"企划中发挥了核心作用。

东日本大地震中,那些默默无闻地担负起自身责任的身影随处可见。例如置身于核辐射危险之中,仍为防止事态恶化而努力工作的东京电力公司福岛第一核电站的工作人员;失去了家人、家园倒塌,却仍想重振事业,并努力清理砖瓦垃圾的商铺经营者;为了抢修水电煤基础管网设施而从全国各地赶来的、在余震不断的灾区也不分昼夜地工作的工人……不胜枚举。

如此之高的职业操守令国外惊异。在成功实现重组或改革的企业中,必然有着一群拥有强烈的责任感和使命感、敢于面对困难的人。本书所选取的案例全都发生在东日本大地震之前,但是案例主角真挚的态度与在灾区奋战的人们交相辉映。每每想至此,一种日本定能渡过困境并重整旗鼓的期待感油然而生。如果您读了本书中这15个案例能与我有同样的感受,那我将不胜欣喜。请从您喜欢的案例开始阅读。

西头恒明

《日经信息战略》杂志总编

第一章

绝处逢生

豪斯登堡

有好主意立刻实行，

削减成本，招揽游客

项目概要

    豪斯登堡是 1992 年建于长崎县佐世保市大村湾沿岸的主题公园，斥资 2000 余亿日元再现了荷兰的街道建筑及运河等。由于投入资金过多及招揽游客能力不足，豪斯登堡于 2003 年申请破产。虽然它在企业重组基金的保护下谋求重建，但赤字状况并未得到改善。2009 年 10 月，日本最大的国际旅行集团之一 HIS 集团开始考虑参加豪斯登堡的经营重组。在慎重考虑可行性后，HIS 集团于 2010 年 3 月正式收购豪斯登堡，HIS 集团的创始人兼董事长泽田秀雄亲自出任社长并亲临指挥工作。他提出"开支缩减 20%，工作效率提高 20%"的口号，促使工作人员和相关人员进行意识改革。他倾听基层工作人员的意见，只要是符合"顾客至上"方针的建议，他就当机立断地实施。至 2010 年 9 月，豪斯登堡实现了创立以来的首次全期赢利，新的体制成功建立。

尽管已经是晚上9点,气温骤降,豪斯登堡主题公园园内的游客仍然络绎不绝。一对中年夫妇正入神地仰望着园内的彩灯。这虽然是11月里一个工作日的夜晚,公园里欧式建筑风格的餐厅里,上座率仍有50%。如此热闹的夜晚,在一年之前是人们想都不敢想的。

董事长泽田秀雄回忆起HIS集团决定帮助豪斯登堡重建时的心境,他这样说道:"我当时心里一点把握都没有,只觉得总能有办法能够让企业复活的吧,但是要说信心,那是没有的。我的朋友和公司其他干部也反对这个项目。"对于泽田秀雄来说,收购豪斯登堡是一项艰难的决定。

2009年10月时,HIS集团就已经有意向援助豪斯登堡集团,讨论小组入驻长崎县佐世保市,历时两三个月,仔细地对被收购方进行了资产评估。

在日本泡沫经济时期,豪斯登堡主题公园就已经有了建设计划,1992年时正式开园营业,斥资达2000余亿日元,再现了荷兰的街道建筑及运河等。在最繁盛的1996年,公园全年入园人数曾达到380万人次,但之后便持续低迷,终于在2003年申请破产。虽然公园在野村证券旗下的企业再建基金会的保护下得以继续经营,但并没有改变持续赤字的状况。

泽田秀雄在六七年前就曾经考虑过帮助豪斯登堡再建的可能性。"面积如此之大的主题公园,需要巨额开销,但当地商业圈内的人口并不多,因此我觉得再建会比较困难。"HIS集团在进行资产评估的过程中也发现了这一问题,而且经估算,公园全年的修理维护费用大概需要 20 亿日元左右。因此,HIS 集团一度倾向于收手不干。但是 2010 年 2 月时,泽田改变主意,力排众议决心援助豪斯登堡。

同年 3 月,HIS 集团正式收购豪斯登堡为旗下子公司,泽田亲自出任社长。他笑说:"其实我更希望把这个项目交给年轻人的,遗憾的是谁也不愿意接手。"为了亲临一线进行指挥,泽田每个月有一半的时间都在佐世保市度过。

社长骑着自行车奔走指导工作

泽田于 2010 年 3 月走马上任。一上任,他便提出了"开支缩减20%,工作效率提高20%"的方针。在资产评估的过程中,他已经认识到,豪斯登堡公园的面积比东京迪斯尼乐园还要大两倍,因此内部必然很难做到周全的管理。于是,他一方面按照事先制订的重建计划将成人门票从 4 月开始由原来的 3200 日元降低为 2500 日元;另一方面,他将收费区限定在中心地区,将园区面积的 20% 免费对外开放。这一方面是为了控制成本,另一方面也是为了使劳动力集中在中心地区。他为了在电力和花卉调度等方面实现削减 20% 开销的目标,进行了多方交涉。

员工的工作效率在很大程度上影响着开支,于是泽田放弃开车,亲自蹬着自行车在园内奔忙。不久,原本开车的员工也效仿他,骑起了自行车。比起对行驶道路有要求的汽车,自行车更加灵活轻便,缩短了移动时间。

泽田在园内巡视的同时,接连不断地下达指令。看到油漆剥落了,他就立刻找人重新刷上;觉得公园里太寂静了,他又找来二手扩音器播放背景音乐。

在门票价格已经下调的情况下,如果游客没有增加,公园就会陷入收入紧缩的窘境。于是泽田进一步着眼于重新策划园内活动。他认为,目前的园内活动吸引力不够,必须重新评估,首先便是要取消烟花大会。

摆脱依赖烟花大会吸引夜间游客的老办法

接到泽田社长的这一命令,市场部部长松永一朗十分吃惊。松永部长是土生土长的佐世保市人,在开园 3 年后的 1995 年进入该公司,长期以来一直负责园内活动的策划。松永对社长的这一命令提出反对意见,称"烟花大会是晚间吸引客人的一大亮点",但泽田并未接受。

松永曾因此一度对经营层产生抵制情绪,但不久之后,他又变得积极起来。促成这一改变的契机是泽田取消了对宠物入园的限制。从 2003 年开始,松永部长曾屡次提出:"豪斯登堡是滞留型园区,禁止宠物同行是不合理的。"但不管上层怎么变动,他的提议都被否决了。理由不外乎是安全、卫生以及其他同行业者的实例等。

松永不愿放弃。在过去的体制下,他甚至强行通过了与《宠物信息》杂志联手举办摄影会的活动策划。就在新制度开始运行之后的 2010 年 4 月的某一天,松永趁着这次活动的机会,再次建议解除对宠物入园的限制,没想到泽田当即点头同意了。于是从 5 月中旬开始,豪斯登堡内允许宠物进入,之后短短半年时间里就有约 3000 只宠物进入园区。

松永还曾提出开放园内的运河供人钓鱼,这也是以前的上层领导认为会破坏园区形象而否决的提案。但是,泽田却采纳了这个建议。从 2010 年 7 月份开始,钓鱼区域正式开放。

在下达改善指令的同时,泽田也在不断地采纳来自工作现场的提议。松永因此感叹道:"虽然重振公园困难重重,经营状况尚不稳定,但与 2009 年以前对一线员工的建议充耳不闻的闭塞感相比,现在我们心里更舒畅了。"

松永因此振奋起来,着手重新策划园区的夜间活动。但是由于削减两成开支这一前提的限制,他很难制订出好的方案。面对一筹莫展的松永,泽田建议道:"那我们就借用高知名度文化产品的力量吧!"

这一方针在 2010 年 7 月份开放的恐怖城"惊险梦幻博物馆"中充分地体现了出来。工作人员对已经关闭的建筑进行重新利用。泽田则动用自身的人脉关系,相继获得了著名的动漫作品《海贼王》、《鬼太郎》、《迈克尔·杰克逊》等的使用权。泽田制订好计划后,松永发挥其筹备活动的能力,"惊险梦幻博物馆"仅仅经过两个月的筹备便开业了。

随着活动策划力度的加强,公园的夜晚一改以往寂静的景象,逐渐热闹了起来。园内餐厅的营业时间也延长到了晚上 10 点左右,形成了园内持续繁盛的良性循环。

只要"顾客至上",提案马上就通过

豪斯登堡宣传部宣传科的滨野智惠也对泽田式速度经营方式感到惊异。她和松永一样是本地人,自 2006 年进入公司以来一直负责宣传工作。

由于泽田积极地引进娱乐元素,让滨野觉得以往在园区中悠闲惬意地亲近花草树木的"植物休闲区"理念被否定了,内心不能接受。

但在见证了宠物入园和钓鱼区开放等措施的落实之后,她理解到,泽田的行为与她的理念在"顾客至上"这一原则上是一脉相承的。于是在 2010 年 6 月的某一天,滨野向泽田建议:"如果能针对住宿的游客做一份活动宣传单,一定能为游客提供方便的。"

泽田当即回答说:"不错,下周就开始分发吧。"

但一到具体落实阶段,滨野就后悔了。在旧体制下,这样的宣传单要花一个月左右的时间才能做出来。因为即使活动策划案已经定下了,确定举办时间等细节问题仍然是相当费时的。各个活动的负责人要集中在一起探讨宣传单的设计方案等,也需要一些时间。

既要削减两成经费,又要在一周内完成,那就只能改变工作方式了,滨野亲自负责宣传单的设计。她告诉各个活动策划的负责人,她不会认同他们提出的具体设计要求,而且要求他们提前确定举办活动的时间。

滨野说,以往部门与部门之间、决策者与负责人之间的意见往往相差很大。但此次,园内饭店经理接受了滨野的要求,当即确定了馆内举行活动的时间段。滨野没有将分发宣传单的任务交给饭店,而是亲自来到饭店的每一个客房,将旧的宣传单换下。这样一来,她终于按照泽田的要求,在一周内完成了制作并分发宣传单的工作。

滨野小组的这次努力为松永小组所策划的活动做了很好宣传。在作为旺季的7、8月份,园区入园人数分别为上一年度同期的133.8%和139.8%,有了大幅增长。10月,滨野获得了泽田授予的"社长奖"。

当然,由于过于重视速度,公园的经营也有过一些失败之处。例如,滨野在制作秋季版的活动宣传单时,将本应与日落时刻相一致的"日落爵士"的时间印错了。为了遵守削减成本的原则,她不能重新印刷。于是除了滨野外,其他干部也纷纷出动,一起用贴纸修改宣传,终于对付了过去。泽田一方面要求滨野找出出错的原因,另一方面也表示,对于由于重视速度而造成的失误不会过多追究,他说:"这样的失败多几个也不打紧。"

泽田的气势不仅影响着本公司的员工,甚至还影响到了其他公司。

在豪斯登堡实行新体制之后,九州旅客铁道股份有限公司相关优惠车票的销售额与上一年度同月相比增加了2~3倍。以往该公司要销售优惠车票,需要向九州运输局申请,而且要花费数月的时间。但现在豪斯登堡发来意向后,公司往往只用两三天就能完成申请了。公园营业部销售一科商品负责科代理科长宫田匡感叹:"我们部门也面临着挑战。像现在这样预测活动的集客力,灵活地改变往返费用,确保入场人数和业绩,是我们从来没有尝试过的。"

将交通和行政工作也纳入速度经营

佐世保市的企业布局与观光物产振兴局观光物产总经理森永博昭对豪斯登堡新体制下的速度经营也深有感触。他说:"现在,豪斯登堡以天为单位来制定决策。当听说2011年要开通'上海航线'时,我还认为那不可能实现呢。"

"上海航线"是泽田在2010年9月提出的构想。他打算购买一艘能乘载千人的二手大型客船,往返于中国上海和佐世保市之间,以招揽更多的游客。但是之前,佐世保市并没有开通国际航线,也没有入境管理部门等配套的公共机构。

森永因此认为,这个构想肯定难以实现,并一口回绝了泽田。但泽田和HIS集团的领导层仍然频繁拜访市政府,积极地阐明航线开通的可行性。最终,市政府方面认可了这一构想,对2011年开通航线的计划转而采取全面协助的态度。

从2010年起的10年内,佐世保市将把相当于全市一年的城市固定资产税和城市计划税总额的8亿日元作为补助金,提供给豪斯登堡。平均下来,佐世保市市民每人将承担约3万日元。

一位经常偕家人去豪斯登堡游玩的佐世保市市民说:"想到自己交的税被用在这里,我的心情很复杂。但是在佐世保市甚至整个九州地区,都没其他地方能取代这里。我们也切身感受到这里重新繁盛起来了。"考虑到还有很多其他机构(如日本环球影城等)同样占用了市属用地,人们对豪斯登堡能收回私有用地固定资产税的这种情况也表示理解。

2010年4月至9月这一时期的决算表明,豪斯登堡的经常收益约为4亿日元。虽说6个月时间并不是常规的年度决算,但这次统计却是自创办以来首次实现全期赢利。按照公司方针,在这段时间,豪斯登堡减少了约20亿日元的成本(包括人工费、宣传费、水电煤气费及折旧费等);而另一方面,园区入园人数与上一年度同期相比增加了117.4%。尽管门票价格降低了,营业额却有所增长。

从现状来看,公园的经营还依赖于补助金。泽田也承认,预想 3～5 年后的情况,园区仅靠活动收入来支撑是不够的。要筹措到可供使用 18 年的设施保养费(一年 20 亿日元左右),现在的入园人数仍然远远不够。因此,他才急于早日开辟"上海航线",以提高揽客能力。

泽田带来的变化促使豪斯登堡的员工及行政管理者充满了干劲。这样的干劲能持续到何时,也关系到此次重建的成败。

豪斯登堡的沿革时间表

创立→扩大		
1987 年	夏	神近义邦(后来的豪斯登堡董事长)提出构想,在日本长崎县大村湾沿岸仿造荷兰风景,建造园区。
1992 年	3 月	豪斯登堡开园。
1996 年		创造了开园营业以来的最高全年入园人次纪录,达到 380 万人次。但是之后,入园人数骤减。
经营不景气→申请破产→纳入野村旗下管理		
1999 年	10 月	约 200 亿日元的负债表面化
2000 年	6 月	当时的日本兴业银行放弃约 200 亿的债权。神近董事长引咎辞职。
2003 年	2 月	豪斯登堡申请破产,负债总额达 2289 亿日元。
2003 年	6 月	野村企业基金主导的重组计划获批。
2005 年		全年入园人次为 195 万人次,无法改变持续减少的趋势。
2008 年	9 月	次贷危机发生,加剧了入园人数的减少,也给野村的经营以重大打击。

在 HIS 的援助下谋求重建		
2009 年	7 月	野村开始公开寻找援助方。
. 2009 年	10 月	HIS 表示有意向参与豪斯登堡的重建。
2010 年	3 月	以 HIS 为中心的新体制开始运行。 泽田秀雄就任社长。
2010 年	4 月	重新装修后的豪斯登堡再度开业。门票价格下调,并将园区面积的 20% 作为免费开放区。
2010 年	6 月	4 月至 6 月的经常收益达到 1.7 亿日元。
2010 年	7 月	重新开放后的第 2 弹,以"惊悚"为主题的"惊险梦幻博物馆"、园内钓鱼池开放。
2010 年	8 月	月入园人数与上一年度同期相比增长 139.3%,达 26.5 万人次。
2010 年	11 月	由 700 万个彩灯点缀而成的"光之艺术庭院"投入使用。
2010 年	12 月	2010 年 4 月至 9 月的决算表明,经营已实现扭亏为盈,这也是开园营业以来企业首次实现全期赢利。

王将食品服务

专注打造"王将饺子"品牌，

以"个性"开拓市场

项目概要

　　"王将饺子"是一家供应饺子、炒饭和韭菜炒肝片等中式料理的连锁餐厅，现今发展态势强劲。截至 2009 年 11 月底，现有门店的营业额已经连续 28 个月超过上一年度同期水平。

　　经营"王将饺子"连锁餐厅的王将食品服务公司，是一家在大阪证券交易所挂牌的上市公司。2000 年 4 月，大东隆行刚晋升为董事长时，该公司的有息负债为 470 亿日元，这一金额超过了该公司当时全年销售额的 20%。负债如此之高的原因之一是公司在房地产方面投资的失败。于是，董事长大东花费近两年时间，致力于建立健全公司的财务体系，同时也在摸索新的企业经营发展道路。他认为，过快的门店扩张以及经营门类多样化，都会削弱"王将饺子"的魅力，因此，他决定让"王将饺子"的经营回归原点。

虽然大东董事长并没有拿出什么立竿见影的独门绝技，但是他以"比任何人都勤恳"的工作态度和卓越的行动力，感染了公司的每一位员工。经过数年的努力，"王将饺子"连锁店的品牌吸引力得到大幅提升，客流量也大大提高。

王将食品服务公司的董事长大东隆行提起连锁店业绩好转的原因时,热情洋溢地说道:"业绩持续低迷,这是因为我们总是在别人的优势领域参与竞争。于是我们决定贯彻'快速、实惠、美味'的经营宗旨,全力打造'活力四射'的餐饮连锁店,这就是我所说的回归原点。值得欣慰的是,近段时间,消费者不再说'去吃中餐吧',而是说'去吃王将吧'。我想,只要能为消费者提供质优价廉的商品,就一定能打开市场,优衣库和NITORI①也是这样做的。"

王将食品服务公司经营着中式连锁餐厅"王将饺子",以实惠的价格为消费者提供饺子、炒饭等中式料理。截至2009年11月,"王将饺子"已拥有354家直营店与189家加盟店。当时,包括大众型餐馆在内的众多餐饮连锁店都陷入经营困难的局面,但2010年3月份"王将饺子"的决算结果显示它有望在未来连续两期实现大幅增收。

截至2009年11月,"王将饺子"现有店铺的营业额已经连续28个月超过上一年度同期水平。尤其是自2009年2月以来,每月的营业额与上一年度同期相比都增长了10%以上。每天开门营业前,"王将饺子"的门前便已排起长队。在日本经济萧条时期,味美价廉的"王将饺子"牢牢抓住了顾客的心。但大东董事长严肃地说:"这还远远不够!我们必须进一步提高待客

---

① NITORI是日本最大的家居连锁店。——编者注

服务水平,另一方面,也得潜心研究出含金量更高的菜单。"

　　但是就在 2000 年 4 月,大东隆行刚刚就任董事长时,王将食品服务公司的有息负债曾多达 470 亿日元,一度濒临破产。"那时可是拼了命了,我四处奔走筹款,为此可谓是心力交瘁。"回忆起当时的心境时,就连大东董事长那张热情豪爽的笑脸也有那么一瞬间流露出了苦涩的表情。

公司资金周转困难,董事长却毫不知情

　　其实,大东隆行在就任董事长时,以为他的职责是遏制现有店铺营业额持续走低的势头。但是在他走马上任半年之后,负责公司会计事务的专务向他报告:"我们无法发行可转换债券①了。"

　　直到这时,大东隆行才得知 2000 年 12 月便是价值 50 亿日元的公司债券的偿还期限到期日。当时,公司的有息负债已经超过营业额,如果追加发行公司债券这条路走不通的话,就更不指望通过银行贷款来缓解燃眉之急了。离最终偿还期限只剩几个月的时间了,大东隆行急忙开始四处筹措资金,好在长期与公司有业务来往的客户最终同意了定向增发方案,使得"王将饺

---

　　① 可转换债券是在发行公司债券的基础上,附加一份期权,并允许购买人在规定的时间范围内将其购买的债券转换成指定公司的股票。——编者注

子"没有被这些债券压垮。

但是,这仅仅是第一道难关。2002年春天时,若不能偿还40亿日元的债务,公司很可能陷入破产的深渊。当时,公司窘迫得甚至要断水断电。

大东董事长和公司领导层其他人员一起连续几天驻扎在公司,精心推敲重建计划。最终功夫不负有心人,重建计划的内容以及大东董事长的个人魅力为"王将饺子"赢得了多家银行的支持,他们为王将食品服务公司提供了辛迪加贷款①,公司也因此渡过了自1967年创立以来最大的一次危机。

重建计划的重点是处理不良资产,逐渐退出日式料理等领域,专注经营"王将饺子"连锁餐厅。2002年3月期②的决算显示,公司赤字达29亿日元,其中包含了关闭十几家亏损店铺所产生的特殊开支以及坏账的金额。这些坏账是由借给子公司投资房地产的那部分资金造成的,预计约有一半不能收回。

大东董事长希望公司摆脱不断借款的局面,他认为,只有回到公司自己的优势领域参与市场竞争,即回归原点,才是公司扭

---

① 辛迪加贷款:由获准经营贷款业务的一家或数家银行牵头,多家银行与非银行金融机构参加而组成的银行集团,采用同一贷款协议,按商定的期限和条件向同一借款人提供融资的方式。它的优点是金额大、期限长、贷款条件较优惠。——编者注

② 在日本,一个财年一般是指每年的4月1日到下一年的3月31日。此处,2002年3月期是指2001年的4月1日到2002年3月31日的财政决算。但也有企业采用自然年或其他时间节点作为一个财年。——编者注

亏为盈的突破口。

原来,王将食品服务公司从 20 世纪 80 年代后期加快了经营多样化的步伐,新开设了寿司店和烧烤店等,同时,还紧锣密鼓地增加了"王将饺子"的门店数量。当时,对于正在快速成长、壮大的王将食品服务公司,执行这样的经营策略被认为是无可厚非的。但是如今在大东董事长的眼里,这些策略正是造成"王将饺子"失去自身竞争力的致命原因。

而且从 20 世纪 90 年代中期开始,公司为了提高成本竞争力,引进了中心厨房(将工厂加工好的半成品派送至各连锁店)模式。从那以后,每家门店的食品味道变得千篇一律,渐渐失去了手工制作的口感。由于"王将饺子"连锁餐厅与很多大众型餐馆一样,采用了看不见的封闭式厨房,人们已经无法听到店里回响起原来"王将专用"的如"Linga Ko-teru(两个锅贴)"等点餐用语了,门店渐渐失去了活力。此外,比起顾客的表情,店长们开始更加重视公司各级领导的脸色了。这些都是大东董事长在就任公司董事长一职前就已经察觉到的问题。

宣扬饺子魅力,唤回门店活力

"王将饺子"原本的经营亮点是什么呢?大东董事长认为,在于拥有透明的厨房、活力四射的门店服务以及以优惠的价格提供新鲜美味的食物。于是,他带领公司开展了一场翻天覆地的变革。他将店内的封闭式厨房改回开放式厨房,将中心厨房加工的范围缩小为饺子皮与馅,每天早上将它们和未加工的蔬菜一起送往各店。

"王将饺子"的卖点饺子不再是事先做好的了。每天,店员手工包好饺子后,在顾客的面前现场煎。煎饺子时所发出的嗞嗞声和散发的香味,刺激着顾客的感官,大大提高了顾客的再次点餐率。为什么要保留在工厂统一生产饺子皮和馅呢?这是为了实现6个饺子200日元左右的实惠价格。

公司在摆脱财政吃紧的状况的同时,着手对现有门店进行大规模装修。公司决定,为每家需要重新装修的门店提供5000万日元左右的经费。要知道,新开设一家店铺的投资金额也仅为1亿日元,可见装修资金投入之巨。为什么这样做呢?因为公司认为,"如果顾客感受不到变化,那装修也就没有意义了"。从2002年开始,"王将饺子"以每年20家店的速度开始进行大规模装修。在装修的同时,大东董事长也敦促店长们制定装修计划,以实现营业额提高20%的目标。这次装修的目的不仅是要让门店变得漂亮,更要以顾客的需求为中心改变店铺格局,从顾客行走的便利性出发,酌情增减座位数和收银台。

提高店长的自主性,贯彻个性经营方针

大东董事长不仅致力于改良饺子的制作工艺,更加专注于

研究基础菜品的调味以及特色菜品给顾客带来的新鲜感。他不仅使客人在任何一家"王将饺子"连锁店都能随时吃到 40 多种高品质的基础菜品,同时,还敦促各店积极推出特色菜品。

大东董事长说:"我们应当不断提高畅销的基础菜品的品质。价格优惠是必需的,但是如果不好吃,那也是不行的。"从 2004 年开始,"王将饺子"每半个月都会从基础菜品中选出一种,以优惠的价格进行促销。自从推出特定的基础菜品促销打折活动后,来点餐的顾客便络绎不绝。这也让厨师在短期内必须不断重复地制作同一道菜品,因此厨艺得到了提高,食物也更加美味。2005 年 7 月,王将食品服务公司在中国大连开设分店。以此为契机,2006 年,公司开始聘请中国厨师到日本的连锁店传授厨艺。

"王将饺子"以往一直鼓励各分店制作出本店的特色菜品,大东董事长进一步贯彻了这一模式。他说:"当今时代,没有独特魅力的商品是打动不了顾客的。公司总部以各种方式激发店长们发挥个性,促使他们研究出充满吸引力的菜品和特色服务,使每家分店都能成为当地的强势力量。"正好,公司抛弃了全部食材由中心厨房统一处理的经营模式,所以各店就能充分利用未加工的食材来研发特色菜品了。

例如,位于学校附近的分店会推出量足且价格实惠的学生套餐,位于商业街的分店则重点向来店消费的白领推荐一些下酒菜,郊区的分店则有专门供来郊游的人们享用的家庭套餐。

各家连锁店不用事先向总部申请,店长可以酌情修改菜单,使得经营的自主性更强。除此之外,各分店的营业时间也可以由店长自主调整。通过充分调动出店长的能力与工作热情,"王将饺子"在短时间内便提高了各家门店的业绩。

另外,公司重新规定,每名优秀店长的成长培养时间至少需要五年。20世纪90年代,由于公司急于扩张门店数量,在人才培养方面有所欠缺。大东说:"如果是那种重视按手册进行操作的店,那暂且不说,可是对于重视个性经营的'王将饺子'来说,如果店长没有积累足够的学识和经验,就不能给予部下正确的指示和提醒,自然无法胜任店长的职位。"

而且从2006年开始,为了进一步提高店长的积极性,公司更加细化规范了每个月的奖金制度。公司根据直营店的营业额高低划分出五个级别,每个月以"营业额与上年度同期的比值"、"赢利与上年度同期的比值"、"人均生产效率"这三个指标的综合得分来进行评比。各个级别中排名第一的店铺可以得到50万日元的奖金,店长可以自主将奖金分配给下属。以往的奖金制度是按店制定目标,只要达成各自的目标即可给予奖励,而新制度则提高了店长之间相互竞争提高业绩的意识。

培养一批独具魅力的店长

当然,公司也会充分注意店长在自行处理门店各项运营事务时是否有不恰当的地方。

　　每天早上 9 点前,公司总部便能收到各门店的营业额以及成本费率等数据,由大东隆行(他还兼任营业总部部长)和营业总部的工作人员一起对亏损门店的各项数据进行分析并查找原因。公司对亏损店铺的划分标准是比较严苛的,只要营业额是前期的 97％以下、赢利为前期的 80％以下的,都会被归为亏损门店。遇到这种情况时,店长会和区域经理进行深入的交流,探讨改良的措施,并向大东汇报结果。如果店长无法凭借自己的力量制定出具体对策,大东和区域经理便会严责道:"请说出你的想法!"

　　另一方面,如果门店亏损是因为某些不得已的状况而使成本回报率过低的话,公司会免费提供一个月的食材;如果店长说亏损是因为"厨师手艺不好",公司则会为他派遣厨艺精湛的厨师。总之,公司会坚持尊重店长的自主性,当好店长的坚强后盾,时刻为他们提供帮助。

　　虽然制定出了正面的政策和制度,但要真正地贯彻执行还是要依靠基层的员工。而能真正调动起这些员工工作热情的,正是大东董事长本人对工作的认真态度和人格魅力。大东董事长当年即使高居部长一职,仍然废寝忘食地工作,有几次甚至累得连楼梯都跨不上去了,这些细节对公司员工产生了积极的影响。即使如今他已是古稀之年,大家仍然公认他"比公司里的任何人都勤恳"。

2002 年春天，在公司一年一度的"店长联合会议"上，曾有过这样的一段小插曲。当时，公司正陷入财务危机中，但大东董事长微笑着对从各地赶来参加会议的店长们说："虽然公司目前处于亏损状态，但是夏季、冬季的奖金照发不误，当然，年终奖也一样。我会继续努力的，也希望大家齐心协力，共渡难关。"东京地区的区域经理铃木幸生回忆说："当时听到董事长的这番话，谁都感受不到公司当时正处于财务危机之中。"对于大东董事长来说，为了让店长们能毫无后顾之忧地专注于强化"王将饺子"的品牌经营，这是理所当然的做法。

王将食品服务公司的总部在京都，关东等地区的店长见到董事长的机会并不多。但是通过这次会议，关东地区的店长们也受到了莫大的鼓舞。铃木说："我们得到了董事长面对面的鼓励，亲身感受到了'大东主义'，再也没有比这更开心的事了。店长们也因此更加团结了。"

大东认为，经营的真正价值在于使店长们"喜欢公司"。他说："餐饮业是'店长产业'。店长们如果能以饱满的精神迎接顾客，在面对顾客时能表达出感恩的心情，顾客便会纷至沓来。为此，我们必须营造出良好的店内气氛。"为了让店长们成为在态度、措辞、行为等各方面都充满魅力的人才，大东通过门店内的学习、会议、研修等形式，促进店长们提高自身修养。

一段时间后，大东的努力收到了成效，他常常自豪地说："大家都成才了！"在谈及店长们的人格魅力时，铃木也非常自信地说:"在顾客随时都看得到的开放式厨房里,店长们能够集中精力为消费者提供高标准的服务,这是其他公司模仿不来的,也正是我们的优势所在。"

如今,王将食品服务公司正不断地刷新成绩,但是大东董事长仍然坚持每天早上6点前到公司,并打扫总部门前的卫生。上午9点,在核对过所有门店的业绩后,他常常亲自驾车前往各门店视察。受到他的影响,公司的其他领导也开始频繁地去门店视察工作。当问及大东董事长让公司良好运营的秘诀时,他说道:"我只是脚踏实地坚持做好每一件普通的事而已。"

即使"王将饺子"现在已经拥有数百家连锁店,但只要能沿用店长自主经营的模式,就能继续保持良好的发展态势吧。

石屋制果

强化质量意识，

让"白色恋人"再次笑傲市场

项目概要

位于日本札幌的石屋制果株式会社曾凭借巧克力夹心饼干"白色恋人"的超高人气，连续多年取得良好的销售业绩。但2007年8月，石屋制果株式会社被指擅自篡改食品保质期，且在回收有质量问题的产品时，没有按相关程序到保健所进行备案，这次事件让公司陷入了严重的危机之中。由于此事，时任公司总裁的石水勋引咎辞职，总公司的工厂也面临停产的窘境。

向石屋制果株式会社提供援助的北洋银行委派岛田俊平出任该公司的董事长。为了完善质量管理体系和法律法规体系，岛田果断地进行了公司结构改革。他与常务董事兼生产部部长小出荣并肩作战，致力于建立一个安全、安心的生产环境，"白色恋人"生产线开始重新运作。2009年3月，这条生产线经检验符合札幌市《食品卫生管理制度》的有关规定，为公司的安全生产提供了强有力的支持。同年 4 月，公司取得了自创立以来的最高销售额，业绩也呈现出 V 形的大反转。

2009 年 12 月 17 日的下午,北海道经典特产"白色恋人"的生产商和销售商——石屋制果株式会社(以下简称石屋制果)上下一片沸腾。这是因为,当天他们开始销售的年轮蛋糕新产品"白色年轮",在新千岁机场的销售点到了中午时分就已宣告售罄!作为一款被寄望与"白色恋人"齐名的主打产品,这个充满期待的新开端对于公司来说是一个再好不过的消息了。董事长岛田俊平在得知喜讯之后,终于绽开了笑颜。

其实,"白色年轮"还具有另一个重要的意义,该产品的原料中包含了"白色恋人"中所使用的白巧克力。而就在两年前,"白色恋人"和年轮蛋糕都曾因质量问题而被迫停止销售。将这两种产品融合在一起研发出来的新产品——"白色年轮",正象征着已经走出丑闻阴影,重获新生的石屋制果。

投诉电话几乎被打爆,退货堆积如山

2007 年 8 月,因被爆出私自篡改"白色恋人"的保质期并重新投放市场的丑闻,石屋制果陷入了生死攸关的窘境。

2007 年时,由于"白色恋人 30 周年纪念"特别版产品大量滞销导致库存堆积,所以同年 5 月,石屋制果将这些库存改为普通版的包装,并将保质期延长了一个月,再次投入市场销售。不仅如此,同年 6 月至 7 月间,该公司在自行检查中发现一款冰淇淋中大肠杆菌超标,而一款年轮蛋糕产品中也被检测出金黄色葡萄球菌。虽然公司很快就召回了这部分问题产品,但是没到当地保健所备案。于是,札幌市和北海道厅的相关部门介入调查,石屋制果被迫暂停生产。

2007 年 8 月 18 日,时任北洋银行常务董事的岛田视察了石屋制果的办公大楼。直到现在,他对当时所见到的场景仍然记忆犹新:投诉电话的铃声不绝于耳,接线的客服人员只顾着一味地向顾客道歉,另外的一大部分工作人员则默默地埋头忙于给退货客户寄送礼券以抵扣运费。就在紧邻公司大楼的主题公园——白色恋人公园内,退货堆积如山。

5 天以后的 8 月 23 日,岛田取代石屋制果的创始人石水勋,出任董事长一职,正式接管了这家公司。为了不重蹈覆辙,他决意全力完善公司产品质量管理体系,向全体员工彻底贯彻遵纪守法意识,使公司获得重生。

尽管下定了决心,但岛田上任后面对石屋制果当时的状况便觉得有些束手无策。当他扫了一眼交到他手中的组织结构表时,他就已经深深地了解到,他手中的石屋制果人员结构中,是完全没有可以称得上是管理者的人的。

例如,在发生这一系列质量问题之前,统领整个工厂的生产部部长一职始终处于空缺的状态;工厂中基于商品类别划分为四个科,但长期以来根本就没有科长来进行统筹管理。虽说在没有管理人员的情况下,商品的生产流水线运转并不会中断,但是如果生产车间发生问题后,没有一个人能承担起责任,那就不合理了。同样,公司在质量管理及法律法规的教育方面也存在诸多问题。

重开公司食堂,加强员工沟通

面对眼前这一大摊子问题,该如何着手解决呢?

思索着这个问题的同时,岛田首先致力于与员工们进行沟通交流。由于公司被迫停止生产,员工们每天能做的也只是打扫之类的琐事,心中充满了不安。岛田认为,如果不为他们提供任何信息,员工们的不安情绪终将爆发。

于是,岛田决定每周召开一次名为"员工联络会"的会议,他通过这个会议来了解和倾听员工们的意见和建议,也向员工们阐述了自己以质量管理为首位的改革方针。同时,他还面向员工进行了两次问卷调查。

对于员工们的不满和期望,岛田一一给予了回应。因为他深信,只有诚恳地倾听员工们内心的声音,他们才会继续畅所欲言。

但是,并非所有的员工都从一开始就认可了岛田的工作,曾有一位员工甚至准备了 30 多个批评性的问题来刁难岛田。但是,岛田逐一回应了所有问题,也最终感化了反对他的那些员工。

在与员工们进行沟通时,岛田所做的不仅仅是倾听员工们的不满或期望,一旦听到合理的批评时,他会当机立断地解决问题。例如,有人反映因为生产车间的相关管理职位没有配备人员,员工们不得不自觉重复加班。听到这个批评,岛田当即承诺将改革就业规范和休假制度。原本处于停业状态的食堂也于10月重新开张了。这是因为岛田认为这一举措不仅有利于员工之间的沟通交流,还可以防止员工不小心将饭菜带进车间,这对于车间的卫生管理也是有利无害的。

岛田重视沟通的态度,与此前将管理和生产分离的管理层有着天壤之别。被其感动的员工们开始萌发积极的想法:虽然现在是困难时期,但是接下来的日子肯定会有所好转。

"现在不指出,将来出了问题可就来不及了"

与员工的沟通初见成效后,岛田随之进入下一步计划——整顿公司的组织结构体系。整顿针对的主要问题就是生产车间管理人才的匮乏和员工法制观念的薄弱。

在生产车间管理方面,岛田挖掘了一批精通生产管理和质量管理的外部人才。在森永制果株式会社董事长矢田雅之的帮助下,2007年9月,岛田聘请小出荣出任公司常务董事兼生产部部长。

小出荣曾在森永制果株式会社负责巧克力生产车间的管理,之后又在质量检验等部门工作过。森永制果株式会社能取得国际食品卫生管理标准——HACCP(危害分析和关键控制点)的认证,小出荣功不可没。对于需要完善质量管理,重新取得顾客信赖的石屋制果来说,小出荣绝对是不二人选。岛田将生产车间全权交由也管理,并给予了充分的信任。

小出荣上任后并没有安坐于公司在办公大楼中给自己安排的座位上,而是在生产流水线附近给自己设了一个"车间办公室",并常驻于此。他认为,自己是从其他公司调过来任管理人员的,所以想要在最短时间内取得基层员工信赖,最好的方式就是深入车间,加强沟通。

小出荣首先向员工们普及质量管理的基础知识,同时着手制作"白色恋人"的生产指导手册。以往,石屋制果都是依靠员工之间的帮带来进行产品生产的,没有具体的生产指导手册来规范流程,这样的工作状态,质量管理又从何谈起。对于正在困境中艰难行走的石屋制果来说,必须准备好能确保产品质量的生产指导手册,并严格按照手册工作,否则就不能重新开始生产。

拿到员工们临时做好的手册,小出荣先是平静地问道:"这样就可以开始生产了吗?"但是,大家全都低着头,谁也没有回答。见此情景,小出的语气严厉起来:"现在不指出,将来出了问题可就来不及了!"

于是,有两名员工战战兢兢地说:"其实,按这样的流程操作恐怕有问题。"小出表扬了两人,并让员工们再次核实。确实,手册中关于原材料采购的相关内容,可能会影响产品质量的一致性。

小出荣与员工一起反复进行交流讨论,提高了生产指导手册的可靠度,同时也通过这些做法让部下体会到了报告、沟通、讨论的重要性。

此外,小出荣每周召开一次以上"HACCP 会议",大力宣传质量管理的相关知识。通过此举,工作人员迅速掌握了 5S(整理、整顿、清扫、清洁、素养)理论和 HACCP 标准的基本知识。

在小出荣对一线员工进行培训的时候,岛田则在公司员工中开展了法律法规教育专项培训活动。2007 年 9 月,他成立了由公司外部人员组成的法律法规教育筹备委员会,将顾客投诉和生产车间的应对措施报告给委员会,由委员会进行分析,并给出改进意见。

会议每次都会开上数小时,委员会不断地给出一针见血的意见。虽然后来岛田曾坦承那段时间令他苦不堪言,但他在每次会议结束后都会例行召开记者招待会,公开会议讨论的内容。记者招待会之前,岛田丝毫没有多余的时间浏览事先准备好的预测问答和事先写好的答案,于是他索性"有什么就说什么",坦率地回答记者的提问。但是,无论遇到多么尖锐的"拷问",他都绝口不提自己的烦恼和辛劳。因为,他清晰地记得雪印乳业的领导层在面对记者时的失言①所造成的严重后果。

---

① 雪印乳业曾经是日本最大的乳制品公司。2000 年 6 月,发生了雪印乳业的乳制品造成的集体中毒事件。雪印乳业内部连夜召开会议,记者也在会议室外等候。会议结束后,记者追问:"我们一夜没睡等在这里呢,情况到底怎么样了?"石川社长回答说:"我也没睡啊!"被记者作为应对企业危机的反面典型大肆宣传,给民众留下了非常恶劣的印象。——编者注

坚持信息公开的目的绝不仅仅是为了再次取得消费者的信任，岛田道出了此中深意："事先对外进行宣传，是为了促使员工们认识到，即使是再严厉的批评，也得想方设法解决。"在引入外界的监督力量的同时，岛田在公司还直坚持开展提高从业人员的法律法规意识的培训活动。

少卖一点也要保质量

经过一系列对组织结构的强化行动，2007 年 11 月中旬，公司终于建立起了一个能够按照生产指导手册推进流程的完备生产体系。为了从技术上杜绝篡改保质期的现象再度发生，公司还引进了能够直接在产品包装上打印保质期的设备。包含这些措施在内的改进计划得到了札幌市相关部门的认可，"白色恋人"也在此时首先开始了再次生产和销售。

当产品重新开始销售时，公司发现了一个令人振奋的现象：消费者蜂拥而至，每天 1000 盒的产量远远不能满足需求。

负责管理生产线的小出荣面对市场需求必须马上找到解决方案。2008 年起，他致力于提高工作人员技能水平，并重新配备人才；6 月，生产车间开始实行两班轮班制，而在最繁忙的 8 月份，还实施了三班轮班制。这些措施提高了生产能力，日产量达到了 2800 盒。但是临近 8 月时，生产线即使日产量达到 3000 盒，也不足以满足客户的需求了。

销售部门呼吁，为了满足客户的需要，生产车间应该提高产量，但是岛田却坚决地反对这样的意见。他认为，过度增加日产量容易出现不合格产品。如果产品质量再次出现问题，将影响公司的存亡。

2007 年发生的篡改保质期事件，正是因为公司想利用销售旺季来卖掉因过量生产而被退回的产品。所以，与其急于增产，不如先保证质量。当员工们理解了岛田董事长的这种坚定的立场后，更进一步提高了保证产品质量的意识。

同时，小出荣开始着重培养一线的质量管理人员。他的具体培养方案为：2008 年 6 月开始，派遣 3 名组长、主任级别的员工参加 HACCP 标准的外部讲座，并由他们将学习到的内容传授给公司全体员工，并敦促员工们将理论付诸实践。他希望以这种方式，促使员工们主动地关心质量问题。

员工们也没有辜负小出荣的期待。如今，在每周例行召开的 HACCP 会议上，即使小出荣没有指定会议的主题，组长和主任们也已经能够自主准备讨论主题。

当然，这些举措在实际生产中也初见成效。2009 年 3 月，公司在接受札幌市《食品卫生管理制度》规定的资质考核时，负责资格认定的监察员感叹道："生产车间走廊的光照与员工们的表情和以前完全不一样了！"石屋制果成为札幌市制造业中第一家获得该制度认可的公司。的确，公司员工的意识有了很大改变，小出荣现在可以拍着胸脯说："我们公司现在的卫生管理意识绝对不逊色于森永制果株式会社！"

因停止生产，石屋制果曾出现财政赤字。但是2009年4月期，公司业绩便迅速回暖，销售额达到了有史以来最高的93亿4100万日元，经常收益也达到了18亿800万日元。看到这样的情况后，公司在专注于质量管理之余，又开始谋求新的发展之路。同年8月，公司开始销售新产品年轮蛋糕"TSUMUGI"，这一产品同样全部使用北海道出产的原材料。之后的12月份，公司产品中又增加了新成员"白色年轮"。因丑闻而停止生产的产品已经逐步开始再次生产、销售，新产品的上市，也标志着一个全新的石屋制果体制已经形成并完善。

2010年以来，"白色年轮"一直保持着良好的销售业绩。岛田俊平和小出荣从这些现象中切身感受到，改革正在让公司产生点点滴滴的变化。

石屋制果脱困大事记

2007 年	5 月	"白色恋人"30 周年特供产品大量滞销,退货严重。石屋制果回收这些产品,换成普通包装,并将保质期延长了一个月。
	8 月	石屋制果被指篡改"白色恋人"的保质期。2007 年 6 月,该公司曾检查出一款冰淇淋产品中含大肠杆菌,同年 7 月,另一款年轮蛋糕产品也被检测出含有金黄色葡萄球菌。虽然该公司很快回收了问题产品,但没有去当地保健所备案。因此,石屋制果位于札幌市的总部工厂被迫停止生产。
		石屋制果因不符合日本 JAS 认证标准而受到行政处罚。时任董事长的石水勋引咎辞职,岛田俊平接替董事长一职。
	9 月	岛田从森永制果聘请到熟悉质量管理的小出荣,并任命他为生产部部长,负责完善生产流程管理等。
		小出荣向北海道厅和札幌市保健所提交了改革报告书,其中包含了公司内部结构整顿和保质期设定方法的变更。
	10 月	为了强化职工的遵纪守法意识,公司设立内部监察室。
	11 月	"白色恋人"重新上市销售。
	12 月	由外部人员组成的法律法规教育委员会第一次会议召开。
2008 年	1 月	千层派"美冬"等与丑闻无关的商品,重新上市销售。
	4 月	2008 年 4 月期的决算显示,企业销售额与上一年度相比减少 36%,仅 59 亿 1000 万日元,亏损达 8000 万日元。这是公司自 1976 年开始销售"白色恋人"以来首次出现赤字。
	6 月	公司派遣 3 名主任级工作人员参加 HACCP 的专家讲座,正式开始建立一个生产车间自主保证质量的体制。

续表

2009 年	3 月	石屋制果通过了以 HACCP 为依据的札幌市《食品卫生管理制度》的认定。
	4 月	2009 年 4 月期的合并会计报表显示,企业销售额达到了有史以来最高的 93 亿 4100 万日元,赢利达 18 亿 800 万日元。
	8 月	引入生产车间改善提案制度。
		年轮蛋糕重新上市销售。丑闻后停产的商品逐步重新上市。
	9 月	法律法规教育委员会会议已召开 20 次。
	12 月	发售融入了"白色恋人"所用白色巧克力的新产品,白色年轮蛋糕"TSUMUGI"。石屋制果从一连串的丑闻阴影中走了出来,获得了新生。

BOOKOFF

化危机为动力，

促进意识改革

项目概要

BOOKOFF 公司创立于 1990 年，是日本最大的二手书连锁店。公司的创立者坂本孝非常重视家族式的经营方式，他喜欢在办公室里或是酒会上将一些工作技能、人情世故的微妙之处传授给新人，因此他也深受员工们的信任。他那些天才般的先见之明和细致入微的战术指导，使公司获得了高度的发展。旗下主力品牌"BOOKOFF"在全日本拥有 900 多家门店，其产品已经不局限于二手书领域，还包括二手音乐 CD、电影 DVD、游戏软件等。此外，公司还拥有销售二手服装、饰品、家具和运动用品的子公司。但是 2007 年 6 月，坂本会长因公司员工谎报销售业绩而引咎辞职。

在整个公司茫然不知所措之时，佐藤弘志接管了公司，担任社长一职。他以改革库存管理为开端，着手公司组织结构和意识的改革。

"两年以来我一直说,我的人生是被'追逐'着的,但我希望,这次会议将标志着公司的转变,我和公司一起将转为'进攻'。"2009 年 6 月 10 日,在 BOOKOFF 公司在东京召开的经营计划发布会上,社长佐藤弘志带着笑容对全体员工这样说。

2007 年 6 月,公司的创立者坂本孝引咎辞职,佐藤在没有任何准备的情况下就坐上了社长的位子。因此,他对于公司之后能重新走上正轨的感触也更加深刻。

在更换社长的 2007 年度,BOOKOFF 的赢利大幅下降。截至 2008 年 7 月,既存门店①的购物顾客人数连续 13 个月低于上一年度同期。但是从 2008 年夏天开始,顾客渐渐增多了。2008 年度,公司终于实现了利润的小幅增长。而从 2009 年 4 月起,收益的增长速度加快,有望实现连续两期增收。

茫然自失中,进货量锐减

"我绝对不会忘记,那是 2007 年 9 月 6 日的晚上。公司 CFO 松下展千打来的电话让我顿时脸都白了。"那一天,CFO 松下展千向佐藤汇报了数据分析的结果,结果显示,公司 2007 年 8 月的经常收益下降幅度惊人。所有直营店的经常收益只有 4

---

① 在日本,零售、餐饮等行业的连锁店在开业 13 个月后被统计为既存门店。——编者注

亿 3700 万日元,仅为去年同期的 81.3％;直营的既存门店营业额是去年同期的 97.6％,购买顾客也仅为 92.5％。如此趋势继续下去,全公司年度经常收益 42 亿日元的目标将难以达成。

佐藤急忙召集 BOOKOFF 事业部的工作人员以及 15 名区域经理,召开了紧急会议。

在被任命为社长之前,佐藤一直专注于旗下一家子公司的新项目推进,并不了解整个公司的现状。但是现在,连进行现状分析的时间都没有,公司的最前线——门店,就已经出现问题了。采购(收购二手商品)量、销售量和购买顾客人数等数据都急剧下跌,即使开展促销活动,也不见起色。

佐藤与区域经理们促膝交流,终于找到了问题的根源。

因为失去了坂本这个精神支柱,许多员工陷入了茫然自失的状态,开始担心公司的前景,工作热情也严重下降,这种消极情绪所带来的影响完全超出了预想。"和一般的零售店不同,我们的门店既要买进也要卖出。所以如果店长没有工作激情,营业额就绝对不可能增加。"

同时,公司组织机构方面也存在问题。公司的创立者坂本担心自己的企业会患上机构繁冗的毛病,所以并没有设立过多的管理职位,一直努力让公司保持一个扁平的组织结构。公司中,有很多经验丰富的店长自发地去帮助新店长,也有一些区域经理在管理其他门店的同时,自己也拥有个人负责的店铺。公司所运用的模式就是这种以"老人"帮助"新人"的家族式经营模式。但现在,直营店的规模已经超过 300 多家。在这种情况下,家族式经营模式中分工不明的缺点就暴露了出来。越来越多的门店无法完成预定的任务,越来越多的门店人员在工作中开始松懈,没了干劲,于是组织的运转一下子就变得不顺畅了。

更为糟糕的是,由于公司领导人以前一直会下达明确而且详尽的指示,所以企业中各个层级的人员只擅长贯彻上面的指示,并将指示付诸实践,但在面对危机时,缺乏创造性的思维。

另一个问题是,公司自 2006 年度开始实施的提价战略起到了适得其反的效果。当时,公司趁着社会上原材料价格上涨的提价潮,抬高了平均售价,并企图降低买入价,以此来谋求更高的利润。但是,这种做法却把一些消费者逐渐推远。佐藤指出:"'百元书'专柜本应是 BOOKOFF 吸引消费者的制胜之本,可是当时却有一些店铺取消了这个专柜。"

以库存问题为突破口,促进意识改革

佐藤以这次紧急会议为开端,连续几天倾听区域经理们的意见,旨在寻找 BOOKOFF 的可持续发展之道。他认为,每天奋战在一线的员工们的意见肯定是正确的。所以若是区域经理极力认可某项措施,就应将该措施推广到全公司。

佐藤之所以如此重视一线员工的意见,源于他自己担任店长时期的一次教训。1997 年,佐藤从一家咨询公司跳槽到

BOOKOFF当店长，由于将这份工作看得太容易，他遭到了门店所有员工的排斥。经过那件事，佐藤切身体会到了店长工作的重要性及挑战性。

和坂本不同，佐藤并不下达非常具体的指令。他的改革目标是，明确全公司员工的分工与职责，建立一个由员工自觉思考并不断进步的组织。但是，只是空喊"改变"的口号，并不能给公司带来任何变化。于是他决定，将改革的重点放在库存问题上。因为店铺的库存问题的重要性是公司任何人都能了解的。从这里入手，能让它成为全公司改革的旗帜。

库存问题关系到BOOKOFF公司商业模式的根本。以往，门店都是将尽可能多的商品陈列在店内，以此来提高营业额。但是从三年前开始，这种做法的效果就已经不那么明显了，既存门店的展示空间也达到了极限。但是很多门店的员工仍然不能抛弃老的想法，认为"只要增加库存（采购量），营业额和利润就都会增长"。这也是因为他们担心，"虽然现在状况不错，但下个月说不定采购量就少了"。这导致很多门店不断地过量采购，努力挤出空间将商品堆积在店内，导致卖不出去的商品堆积如山。另一方面，又有一些门店库存不足，但是公司却没有建立门店间互相补给的机制。

能否推出一个能够快速解决库存问题的方案并顺利实施？同时，能不能在实施这个方案的过程中，自然而然地推进员工的意识改革呢？带着这些问题，佐藤在2007年10月召开了关于库存问题的会议,与区域经理们达成了共识:制订出区域库存与店内库存的标准,并有计划地实施该标准。

于是在 2008 年 1 月至 4 月期间,区域经理开始依次调整自己责任范围内的门店库存量。为了使直营店能获得最大利润,库存量标准被定为"上架率 120%"。也就是说,想要卖出 100 件商品,门店的商品上架量应达到 120 件。如果有门店的库存量超过了这一标准,可以将多出的部分提供给库存量少的店铺,以从整体上协调库存量。

员工们的精气神也在逐渐转变。因为他们发现,公司可能连从 2007 年 11 月下调的经常收益 25 亿日元的目标也不能完成,所以全体员工在 2008 年 3 月全力以赴,每天开展半价促销活动,连夜将空了的货架全部补充上商品。佐藤苦笑道:"我们完全是靠着精气神和毅力来克服困难的。要是再这样持续一个月,可是要出人命的!"公司上下全都有一种强烈的危机感:"如果依然达不到下调后的目标值,公司的信誉将毁于一旦,公司也将倒闭。"这种危机感激发了员工们的干劲。

回归原点:当日物品当日上架销售

进入 2008 年以后,公司的危机已逐渐消除,而此时之前制订的固定的上架率也在门店经营中产生了副作用。

例如,因为能从其他店铺调用库存,一些门店便疏于采购管理了。另一些店铺则认为，"自己店里如果销售不完，便可将库存转移至其他店铺"，而不重视有计划地进行采购与出货管理。实际上，那些善于采购畅销二手商品的门店其实不应该受上架标准的限制，而是应该大胆地采购并立刻上架销售，以进一步提高营业额。

由于上架标准的副作用，2008 年 7 月，公司直营店的经常收益跌落到上一年度同期的 53.4%，仅为 1 亿 3400 万日元。

2008 年 8 月 18 日，佐藤再次召开区域经理紧急会议。6 月，公司提出了新的经营愿景——"不抛弃"；同年 8 月，电视广告正开始播放"不抛弃的人就到 BOOKOFF"这句广告语。受益于广告效应，门店的到店顾客人数激增。基于这样的现状，佐藤和区域经理们一致决定：各门店无需受限于"上架率 120%"的标准，门店当天收购的商品可以当天悉数上架，回归创业时的做法。

这样的决策使得店长们意识到，当日即上架比上架率更重要。当日即上架，也给门店带来了适度的紧张感和活力。如果在当日上架后，仍然有富余的库存，就将库存转移到受地域条件限制而难以提高收购量的门店。区域经理们依据各个店铺的实际购买能力和销售能力，调整了各店铺的上架率。

因此，库存问题的解决终于有了眉目。于是当年 10 月，佐藤指示 BOOKOFF 事业部部长上田宏之和店铺改革组的野末朋宏制作一张《责任分担表》，并在全体员工大会上公布。这张表格明确规定了大区总经理、区域经理、店长的职权与责任。例如,在财务方面的责任范围,店长对营业额负责,区域经理负责对毛利润的划分,而大区总经理则负责经常收益。

"一直以来,人们都认为店长就相当于经营者,所以在被告知'店长的财务责任只是营业额'时,有些店长便感到不知所措。不过,随着他们渐渐接受'店长的首要职责是让门店生存下去,所以只要是能提高利润率的建议,都统统提上来'的思想之后,分工进行得更加顺畅了。不仅如此,一些奇思妙想也如雨后春笋般冒了出来。"京滨地区大区总经理近藤纯哉这样回顾了当时的情况。

在这次会议中,自公司创立初期就已经成立的教育研修室还公布了《QSC(质量 quality、服务 service、整洁 cleanliness)基准表》,将各门店的 QSC 状况划分成 4 个等级。近藤表示:"只要(店长们)明确了自家店铺的 QSC 情况,就能知道接下来应该做怎样的调整了。"

对 313 家直营店进行的调查分析显示,处于最低等级 1 的有 152 家,这些店铺的员工在礼貌性用语和工作态度方面不合格;有 130 家店铺的库存和毛利等不达标,处于等级 2;有 27 家让顾客觉得"还算得上干净",比较满意的门店被评为等级 3;而处于最高等级 4 的直营店仅有 4 家。

2009 年 1 月,BOOKOFF 事业部引进了门店业绩管理系统"雷达先生"。依靠这个系统,每月 20 日左右,便能清楚地预见各个门店的月销售额。这使事业部和大区经理的讨论内容能更加具体化。4月,公司向全体员工分发了《生产效率性读本》;6月,又分发了《人才培养读本》。前者的核心目的是让店长提高"生产效率",即能以最小的成本获得最大的利益,并汇集了其中所需的智慧与想法。而后者则归纳总结了新员工、店长、区域经理等不同岗位的工作人员,在实现自身成才、帮助部下成长之时应当具备的心理素质。

在2008年8月开始贯彻当日上架原则以后,直营店的营业额和购物顾客人数都超过了前一年度同期的数据。唯一低于前一年度同期水平的是2009年3月。这是因为当时佐藤表示:"不用像上一年3月那样拼命干,我们也已经能实现年度经常收益26亿日元的目标啦!"

向新型综合店转型

佐藤回顾进行改革的那段日子时,微笑着总结道:"虽然当时情况严峻,但是我们拥有一大批优秀人才,在困境之中也要通过不断努力完成每月的业绩目标,这才有了我们公司的今天。"佐藤最大的功劳,应当是在于他给予公司人才广阔的空间,培养他们养成了自主思考、自主决策的习惯。他说:"如果一线员工自发想出来的战术等内容被全面否定的话,公司组织运作便不可能顺利进行。关键不在于每一步战术都力求完美,而是让战术与宏观战略相融合。"

上田强调说："这两年以来，公司一改以往的中央集权制，逐渐加强了分散自律的组织形式。公司的宏观方向是由佐藤把握的，但剩下的就由员工自由发挥。虽然工作并不比以往轻松，却让我们感到更加有意义了。"

目前，佐藤正致力于制定公司未来 5 到 10 年的成长战略。2009 年 2 月，公司成立了门店改革部，并委派董事会会长桥本真由美等人在此部门任职。这个部门将对全国 18 家综合门店"中古剧场"的运作进行重点改革。而曾作为公司创办者左膀右臂的桥本真由美深入一线，让员工们在倍感紧张的同时工作积极性也被充分调动起来。

2009 年 9 月，被称为"BOOKOFF Super Bazaar"（BSB）的新型综合二手商品店的第一家门店在神奈川县镰仓市开门营业。同年 11 月，又在名古屋开设了第二家门店。截至 2010 年 3 月，所有原来的"中古剧场"都转型为 BSB，这 10 多家 BSB 旨在实现年度 1 亿日元的赢利目标，公司将大批已经在 BOOKOFF 崭露头角的人才投入 BSB 项目中。佐藤强调说："我会明确地向所有人展示公司的未来，并朝着这个方向不断地努力。"

BOOKOFF 公司迈向主攻型的转折之路才刚刚开始。

第二章

改革者的风范

Weathernews

项目概要

Weathernews（日本天气新闻公司）主要面向海运行业企业以及各个地方政府，提供气象信息服务和构建气象信息系统。进入 21 世纪以后，公司发展陷入停滞状态。 到 2005 年 5 月，由于需求量没有增长，公司的赤字竟高达 4200 万日元。由于在面向企业的业务方面看不到太大的发展空间，公司开始探索新的发展道路——提供面向个人的气象信息服务。 自 1999 年起，Weathernews 就开通了手机气象信息服务，2005 年，它又推出了被称为 Supporter（支持者）的普通个人用户能够参与其中的全新气象预报模式。 在樱花开花期和花粉量预测方面，这种 Supporter 参与模式已积累了一定的实践经验。2008 年的夏天，公司又在需求量极大的局部雷雨预测方面取得了成效。 通过 Weathernews 的服务，人们很快就了解到了共同预报模式的有效性和可靠性，得益于此，付费会员人数稳步增长。2010年5月，公司营业额和利润均达到了历史最高值，连续4期实现了利润的增长。

"还真没下雪啊,甘拜下风!"

Weathernews 的气象预报员们一边这么说着,一边抬头仰望夜空。他们发出的预报信息是下雪,然而天空中落下来的却是雨。这是 2009 年 3 月 3 日发生的事,公司把这一天作为"败北纪念日",时刻提醒全体员工,公司作为一个专业的天气预报团体,竟然输给了业余的 Supporter。

每年 3 月 3 日是日本的传统节日——女儿节。2009 年 3 月 3 日,一股强大的寒流逼近日本上空,遵循以往的天气规律,这应该是"下雪的黄金信号"。于是,位于日本千叶市幕张区的 Weathernews 全球预报中心充满信心地发布了"东京市中心地区雨转雪,请司机朋友们准备好防滑链"的预报消息。

但结果并非如此。Supporter 用手机给 Weathernews 发送的天气报告中有 90% 以上的信息都显示当地天空是在下雨而不是雪。Supporter 并不靠机械"观测",而是看着下雨的天空,凭借五官感受,"感测"当地的天气,并上传到 Weathernews。

嫁人就嫁 Supporter

Weathernews 一直十分信赖 Supporter 传来的天气信息,而且自 2008 年的夏天起,便开始根据他们的信息向客户提供可靠的天气预报。但是 2009 年 3 月 3 日这天,天气预报员们一致认为:"今天绝对会下雪!"虽然 Supporter 提供的信息显示是雨,但他们还是坚持认为,今晚下的绝对是雪。

然而,当天却下了一整天的雨,连一片雪花都没飘。Weathernews 的预报错了。负责面向 Supporter(B to S)事业的公司董事石桥知博将这一天定为"败北纪念日",并发邮件给所有 Supporter,承认公司一方的失败。

预报中心的 60 多名预报人员也坦然承认了此次的败绩,但他们心里并没有感到不愉快。因为,这次事件再次证明,公司正在逐步推行的 Supporter 参与型预报系统的策略是完全正确的。连预报中心的首席预报员都说:"嫁人就嫁 Supporter。"这句话至今仍为公司员工所津津乐道。

现在,如果大家在基于气象预报模型的结果与 Supporter 提供的信息之间选一个的话,大家都会毫不犹豫地相信后者,这也是那句"名言"所表达的意思。经过这次事件,公司上下从 Supporter 身上切身体会到,"人才是最高级、最精确的传感器"。

Weathernews 打破了气象预报界的传统模式,并且正在让一种全新的方式稳定下来。以往的预报模式都是依靠超级电脑对 AMeDAS①(自动气象数据采集系统)等观测仪器收集来的数据进行分析,进而推导出晴或是雨等预测结果。但是 2005 年,Weathernews 决定在电脑和仪器分析的基础上,结合由人的五

---

① AMeDAS(自动气象数据采集系统),是日本气象厅的一种高分辨率表面观测网络,用于收集区域气象数据和核实预测性能。——编者注

感所获得的信息,即"观测＋感测"的模式。这是因为当时手机已经开始普及,不管是谁,无论何时何地,都能很方便地通过手机上传附带照片的天气信息了。这样一来,收集人的眼睛、耳朵、皮肤等接收到的直观结果,也变得更加容易了。

2005 年 6 月,公司开始了第一步尝试。经过 Supporter 的同意,公司让 Supporter 在家中安装了烧杯状的"雨水收集器",并请 Supporter 报告当晚杯子里积了多少水。操作过程非常简单,Supporter 在通过手机输入雨量大小时,有"哗啦啦"、"淅淅沥沥"等选项,可以凭感觉作出选择。不要小看这样的方法。当有多达一万人上传雨量信息后,预报中心对这些信息进行统计,然后用不同颜色在地图上标注出来,可以发现,这些结果与 AMeDAS 的观测结果并没有很大差异。而且在地形复杂的区域,通过这些信息还能获得更详尽的雨量分布情况。

把手机作为天气信息输入终端后,实验环境很容易就能建立起来。建立这种模式的关键不在于技术难度,而在于 Supporter是否愿意参与。现在已经没有人会怀疑 Supporter 的参与程度了,但在项目刚刚启动的 2005 年,公司内外不乏质疑的声音。

参与"雨水收集器"项目的只有 Weathernews 的手机服务付费会员,总计 160 多万人。这些会员不满足于免费的天气信息内容,为了获得更详细的信息,他们定期向 Weathernews 交纳一定的会费。但是现在,Weathernews 却反过来要他们无偿上传天气信息。所以也就有许多人认为，这样的事情是不可能顺利进行的。

但是，言出必行是 Weathernews 公司的一贯作风。既然已经声明要试试看，那么就必须实施。于 2010 年 5 月逝世的 Weathernews 的创立者——石桥博良有一句口头禅："成为最先跳入水中的企鹅吧！"这句话表达了他对公司员工寄予的厚望：就像为了觅食而第一个跳入大海的企鹅一样，在面对任何状况时都要鼓起勇气，不怕失败。

在 Weathernews，只要你有新奇的想法，无论是谁都能掌握主动权，都能成为领导者。公司创立者石桥博良还常常说一句话："火炬要握在自己手中。"这是为了鼓励员工，有想做的事情就说出来，本人以及周围的人都来一同思考怎样将想法付诸行动，而且即使失败了也不会受到责罚。

石桥曾总结出"六种傻子"，即："不问的是傻子"、"不思考的是傻子"、"思考了却不说的是傻子"、"说了却不行动的是傻子"、"行动了却不犯错（害怕犯错）的是傻子"、"没有从错误中吸取教训的是傻子"。Weathernews 把这些蕴涵着创立者精神的话语奉为至宝。如今，我们已经无缘听到石桥本人亲口说出那些话了，但是公司内部已经归纳总结出了石桥语录并将之发布在公司网页上，内容多达 300 多条。

量上去了，准确度就能提高

石桥博良的次子石桥知博在分析"雨水收集器"的结果时发现，"有很多 Supporter 愿意参与预报活动，而且只要 Supporter 能达到一定的人数，就会有意想不到的结果——报告的数量增多能够提高预报的准确度。"

Weathernews 原本是以企业和地方政府为主要的业务对象发展起来的。当时，公司在这个领域已经陷入了发展的僵局，所以提供面向个人的新服务对于当时的公司来说是一次非常好的新的成长机遇。付费会员每月只需向 Weathernews 支付 105 日元或是 315 日元的会费，解约率仅为 3%～4%，远远低于其他手机业务。只要能让会员体会到预报的准确度，并愿意继续使用该业务，这笔会费就有望成为公司的稳定收入。于是公司决定，花数年时间继续实验，想办法增加 Supporter 上传的信息量，静静等待预报精准度提高到足以作为一种有偿服务推向市场。

"雨水收集器"项目的发起人之一森田清辉董事透露，在项目开始之初，曾有反对者认为："让外行人来测量雨量，能得出什么结果？"的确，当时不知是故意为之还是差错使然，有些人上传来的信息是明显不合常理的。但森田认为，只要继续收集信息，那么即使有错误的信息上传过来，其他正确的数值也可以覆盖这些错误信息。这对在地图上掌握全局信息是没有影响的。

　　曾经一手研发了气象信息群发系统的系统开发部部长西祐一郎也同样认可了 Supporter 参与预报的可能性，并主动带领团队开始了信息平台建设。当然，这是相当有难度的一件事。

　　一直以来，Weathernews 都把"天气永不停息"作为口号，员工们轮流一天三班 24 小时在岗，全年无休。当然，各个预报系统的运转也是不允许停止的，即使是 Supporter 参与其中，这一原则也不会改变。更何况 Weathernews 自 1986 年创立以来，一直是由公司自费开发相关系统的。因此，西祐一郎对于 Supporter 参与型的预报系统也采用了同样的政策。

专业预报员的顾虑

　　在 2008 年 6 月，Weathernews 公司终于开发出了世界上第一个"十分钟天气预报"系统。这个系统每隔 10 分钟预报一次未来一小时内的天气。只要通过手机选择所在地区，就能收到"十分钟天气预报"。但是，这个预报系统并不是通过超级计算机解析什么复杂的方程式得出的预报，而是通过 Supporter 选择自己所处地区的天气，并由预报中心做简单的推导后得出的，这是一个划时代的天气服务项目。Supporter 只要动动手指上传当地天气信息，其他人就都能免费获得准确的天气预报了。

有意思的是，积极赞成建立 Supporter 参与型预报模式的石桥和西祐一郎都不是专业的气象预报员，他们只是公司的管理人员，如果从预报的专业角度来说，他们和普通人没什么两样。也正因为如此，他们才能与 Supporter 处于同一立场。与此相对的是，当石桥等人宣布要开发"十分钟天气预报"系统的时候，公司中最强烈的反对声都来自天气预报员，因为他们深知天气预报的难度以及责任的重大。他们认为，天气预报要求具备丰富的专业知识，找一群外行来预报天气即使在信息数量上占优势，也不是那么容易能做好的。

不过，即使预报员反对，石桥也仍旧不惧失败，坚持实行该项目，这就是社长的作风。也正是因为他的坚持，才使"十分钟天气预报"系统最后能够向大众开放。

出乎意料的是，这个系统引起了极大的反响。在最初的短短一周时间里，系统的使用人次就达到了 100 多万。看到 Supporter 通过肉眼"感测"输入的结果，石桥笑着说："对他们最为佩服的是气象预报员。"将来自全国各地的天气信息标注到地图的相应位置上后，预报员们惊奇地发现，连雷达也难以精确显示出来的大雨与小雨间的分界线被凸现了出来；而在冬季，连雨雪间的分界线也清晰可见。

"这太棒了！"仅仅是一两个月的时间，预报员的态度就发生了 180 度的转变，全公司上下达成了一致意见。

继而，公司里有人提出："如果有了 Supporter 的协助，一直以来大家都认为不可能被预测的夏季突发性雷雨,是不是也有可能准确预报了呢?"如果能够实现雷雨的预报,对普通群众将大有帮助。上下班或上下学途中的人们当然巴不得避开瓢泼大雨。

以上这个想法在 2008 年 7 月底得以实现,公司新开发了"雷雨邮件"这一有偿使用的服务项目。从付费会员中,公司招募到了 10000 名"雷雨防卫队员",由这些队员通过眼睛、耳朵等感官来直接"感测"局部地区形成的积雨云和雷电,并上传到公司系统。而如果由雷达来获取雨云信息,是来不及预报的。2008 年夏,东京市区内共发生了 172 场雷阵雨,"雷雨邮件"系统预报的准确率达到了 76.7%。

到了第二年的夏天,"雷雨防卫队员"增加到了 25000 人,东京市区内的预报准确率也达到了 90.6%。这也意味着,当初被认为不可能实现的"Supporter 参与型"预报系统获得了成功。

成功预报雷阵雨使得 Weathernews 一时间名声大噪,社会知名度和信誉也大大提高。不仅付费会员的人数大幅增加,2009 年,公司一半以上的营业额都由 B to S 事业项目所创造。预计 2010 年夏天,公司天气预报系统的使用人数会超过前两年,于是西祐一郎增加了 120 台面向手机的服务器,为夏季的使用高峰做好了准备。

除了在夏季期间招募的"雷雨防卫队员"以外,Weathernews 还组织了一批 Supporter,负责收集全年的详细天气信息。2009

年,Weathernews 拥有的 15 万人的 Supporter 都来自付费会员,他们每天上传至预报中心的信息达数千条。

这些信息也在关键时刻发挥出了它们的真正价值。

2009 年 10 月,第 18 号台风登陆。Weathernews 根据 Supporter 上传的数据,推测台风会在志摩半岛登陆。当时的信息报告数量达到有史以来的最高值——25000 条。在 10 月 9 日,气象厅对 Weathernews 所做的台风前移路线分析提出了质疑,这也引发了之后一系列的争议。[①] 当年的 12 月 3 日,Weathernews 向气象厅提供了由 Supporter 收集的天气信息,并从技术层面解释了"18 号台风登陆志摩半岛"这一预报信息是正确的。Weathernews 认为,从"台风登陆"的定义——台风的中心(即台风眼)登陆陆地——来判定的话,Supporter 提供的信息印证了 Weathernews 的路线图。

石桥大力主张:"再也不能轻视 Supporter 了。"在被认为是台风眼经过志摩半岛东部的 2009 年 10 月 8 号凌晨 4 点左右,有上传来的信息称:"此处正处于台风眼。雨停了,星空清晰可见。"其他使人确信风眼经过的信息也不胜枚举,这些信息为 Weathernews 进行台风路线分析提供了重要数据。

---

① 当时,日本气象厅的实况解析路线图显示,台风没有在志摩半岛登陆。——编者注

2008 年夏季以来，与降雨预报计划相关的事件表

2008 年	6 月	降雨预报计划实施的第四个年头，启动世界上第一个"十分钟天气预报"。
2008 年	7 月	招募 10000 人组成"雷雨防卫队"，发布"雷雨邮件"。
2008 年	8 月	成立全球预报中心，和 Supporter 一起预报天气。
2008 年	10 月	截至 10 月 5 日，上传的有关雷阵雨的预测信息总数已高达 378 万条。
2008 年	12 月	"局部雷雨"一词荣获当年流行语大奖。
2009 年	3 月	Supporter 的"感测"战胜了气象预报模式。3 月 3 日被定为 Weathernews 的"败北纪念日"。
2009 年	6 月	计划实施的第五年，为"十分钟天气预报"提供"感测预报"的 Supporter 达 40000 人。
2009 年	7 月	"雷雨防卫队"已达 25000 人，"雷雨邮件"再次启动。
2009 年	10 月	18 号台风逼近日本。两天内，Supporter 上传的天气信息达到有史以来的最高值——25000 条。
2009 年	12 月	作为 18 号台风路线分析图的证明材料，Weathernews 向日本气象厅提交了 Supporter 提供的天气信息。
2010 年	2 月	针对日本气象厅对 18 号台风路线预报提出的质疑，Weathernews 公开发表了公司的看法以及相关证据。
2010 年	4 月	与 GPS 联动，启动"雨云实时预警"项目，在降雨前 30 分钟通过邮件发布信息。
2010 年	7 月	启动"雨云倒计时"系统。在全日本首次以分为单位，预报未来几分钟内会有降雨。

SEVEN 银行

不让 ATM 里的现金"缺货"，

用经营便利店的模式开银行

项目概要

SEVEN 银行在 2001 年 5 月以 64 台 ATM 起家。在创立的第 7 年，即 2007 年，它已经在日本所有 7-11 便利店和伊藤洋华堂①设置了 13000 多台 ATM，另外还接到多家企业安装 ATM 的委托。SEVEN 银行的 ATM 通过独立的网络与全国的合作金融机构连接，目前，仅 ATM 的使用手续费就占公司经常收益的 97％。但是，这种经营模式在 SEVEN 银行创立伊始时遭到金融界一片反对，声称"必定会失败"。出人意料的是，SEVEN 银行在创立后第 3 年就达到了日本金融厅提出的年度赢利额指标，第 5 年则抵销了累积亏损，经营也步入了正轨。SEVEN 银行每台 ATM 每天的平均使用次数超过 100 次。这家

---

① 伊藤洋华堂,1920 年创立,前身为羊华堂洋品店,现时是日本的大型零售企业,在日本各地经营百货公司,亦有从事其他业务。——编者注

企业并不涉足融资业务，而是贯彻"专心做 ATM"的理念。SEVEN 银行用这种颠覆金融界常识的零售经营模式，支撑起了"便利店 ATM 银行"。

　　在位于东京市区内的 SEVEN 银行客服中心,房间的几个大型显示屏上按时间顺序显示着这家银行遍布全国的 13000 多台 ATM(自动取款机)中,正在补充、回收现金的 ATM 和因系统故障不能使用的 ATM。发生问题时间较长的 ATM 会用不同的颜色区别显示。只要看着这里的屏幕,工作人员就能对这家银行所有 ATM 目前的状态一目了然。

　　对 SEVEN 银行来说,远程 ATM 监控是银行经营的生命线。很多 7-11 便利店里只有一台 ATM,而且现场没有银行的工作人员。如果店内唯一的 ATM 停止工作,就意味着银行在这家店的服务完全停止,所以 ATM 不能停。这些原因迫使 SEVEN 银行和它的外包合作企业绞尽脑汁,让它们的 ATM 成为"世界上最少停止"的 ATM。

　　在创立 7 年后,SEVEN 银行的 ATM 已经成为日本民众生活中必不可少的元素之一。它的成功也与 7-11 便利店历经 30 多年培养起来的单品管理、物流、信息系统的智慧密不可分。通过将 ATM 内的现金视为便利店的"商品"之一,公司充分发挥出了 7-11 便利店的优势。

根据存取速度预测现金量

　　设置在 7-11 便利店里的 ATM 和便利店一样,一天 24 小时、一年 365 天,每天工作,这也是 SEVEN 银行的卖点。到

2007 年年末,与 SEVEN 银行合作的金融机构已经达到 554 家,主要金融机构的借记卡和信用卡都能在 SEVEN 银行的 ATM 上使用。只要在 SEVEN 银行的 ATM 插入自己的银行卡,ATM 就会迅速显示出发卡银行的界面。来 7-11 便利店取钱的顾客们都认为,自己的存款在这里随时都能取出来,我们经常可以看到不少客户发现钱包里没有现金后匆忙地跑进 7-11 便利店。

这种时候,如果 ATM 停止工作,顾客就束手无策了。一些顾客会拿起 ATM 旁的电话向 SEVEN 银行的客服中心投诉,银行客服中心每天接到类似性质的电话超过 2000 个。此时,如果客服中心无法把握每台 ATM 的运行状态,接线员就无法应对这些投诉了。所以,SEVEN 银行的客服中心兼具 ATM 监视中心的功能,也可以对 ATM 进行远程重启。毕竟,SEVEN 银行的 ATM 的安装环境与一般银行有很大的不同,无法像其他银行一样设置多台 ATM,并且安排人员在附近为客户提供服务。

所以,SEVEN 银行只能竭尽全力减少 ATM 系统故障和纸币用尽的情况,并终于使得它的 ATM 每年的运行率达到 99.95%。也就是说,即使是 24 小时营业,每台 ATM 每个月也只会停止工作 0.8 次。而且一旦停止工作,ATM 会自动发邮件给维护公司。维护公司在全国设有网点,能在几分钟到几十分钟之内赶到现场。这种机制正是沿袭了原先便利店电脑故障的应对机制。

　　但是,比及时维修更重要的是预防。因此,维护人员有必要了解每家店的存取款的"习性",事先预测故障征兆和纸币用尽的情况。特别是纸币用尽,这相当于商店的"缺货",是关系到生死存亡的问题。因为对顾客来说,自己的存款是不应该取不出来的。想要的商品缺货时,人们可以购买别的商品,但是现金是没有别的东西能够替代的,这关系到银行的信用。

　　SEVEN 银行的执行董事、ATM 业务管理部部长山崎勉受命接手防止 ATM 现金用尽的工作。纸币的存取款速度主要由门店所在地和顾客层等因素决定,山崎勉和他的部下根据万元与千元纸币的存取款速度和 ATM 机纸币容量,先将 ATM 分为70 种类型。在分类的基础上,又将 ATM 目前的纸币数量到用尽(END 状态)的时间间隔分为 3 个阶段,与负责补充和回收现金的综合警备保障(ALSOK)公司的门店巡回时间表对照,以最高的效率补充纸币,防止纸币用尽。山崎充满信心地说:"我的部下对负责区域的 ATM 的'习性'了如指掌。"

　　在熟悉每台 ATM 的习性之前,SEVEN 银行也经历过惨痛的失败。在公司创立第 2 年的 2002 年年末,由于其他银行关闭,顾客蜂拥至便利店取款,发生了 200 处以上的纸币用尽事故。山崎说:"我们至今仍然牢记那次的教训。它让我们再次切身体会到,便利店是绝不允许缺货的。"

　　除了保持 ATM 内纸币数量充足外,这个部门还必须防止 ATM 存款过多造成纸币无法存入,纸币溢出(FULL 状态)的情

况。因为便利店里是没有保管现金"库存"的空间的。山崎对
ATM 的"FULL"和"END"状态管理倾注了大量心血。

这些工作支撑了 ATM 每年约 5 亿次的交易,折算为存取金
额,每年大约是 17 兆日元。这个金额相当于所有 7-11 便利店
总收入的 3 倍多。2008 年 3 月期,SEVEN 银行的经常收益(相
当于一般企业的销售额)为 834 亿日元,这是它 2001 年 3 月开
业时谁都没能想象到的。ATM 每一次交易的手续费收入只有
约 180 日元(通过损益计算表计算),但有 5 亿次交易,就会成为
年收益 800 亿日元规模的结算业务。

成立之初,无人看好

时至今日,已经没有人对 SEVEN 银行的经营模式吹毛求疵
了,但 2001 年它初开业时,到处都有声音说"SEVEN 银行必定
会失败"。在经历了日本长期信用银行(以下简称长银,新生银
行的前身)的破产后,长银最后一任行长安斋隆受
SEVEN & I Holdings公司董事长铃木敏文所托,就任 SEVEN
银行社长。他回忆说:"就任经营领导时我毫无胜算,完全就是
靠着胆子大。"安斋的朋友们也十分替他担心,甚至说:"给你介
绍别的地方就职吧。"

等待安斋的是预料之中的艰难道路。最初两年,SEVEN 银
行持续赤字。还时常有 7-11 便利店的店主说"ATM 很碍事",

拒绝安装。如果要实现收支平衡，每台 ATM 每天需要有 60～70 次使用，但当时的实际使用次数远远不到。安斋说："我好几次梦到自己不得不解聘自己录用的伙伴。"这种恐怖感非同寻常。

这种状况的改变始于第二年的下半年。率先安装 ATM 的静冈县 7-11 便利店的店主说："自从装了 ATM，来店里的客人多了。"7-11 便利店每周会在总部召开会议，将各个地方的成功经验迅速在全国推广开来。于是静冈县的店主对 ATM 的好评也在全国其他地方的店主中传播开来，让他们的意识发生了改变。

一天晚上，安斋突然想到，"如果在所有 7-11 便利店安装 ATM，说不定经营的势头就会发生改变。在没有银行的地方，才有安装 ATM 的意义"。以前，SEVEN 银行的业务规划仅仅是在顾客较多的 7-11 便利店安装 ATM，有的店有，有的店却没有，让顾客搞不清楚该去哪里找 ATM。

SEVEN & I Holdings 董事长铃木一直以来都说："7-11 便利店通过建立起一个'面'的网络，提升顾客的认知度，产生价值，所以选择开店地址时一定要注意地域集中。"这个策略从7-11便利店的分布就可以看出，目前它在日本 10 多个县内仍然是空白，但一旦决定设点，它就会一口气遍布整个地区。安斋受到这个启发，认为"ATM 也应如此，到处都有才有价值"。因此在开业第三年的 2003 年春天，ATM 的安装战略发生了转变，安斋宣布了全店安装计划。这成为了 SEVEN 银行扭亏为盈的转折点。

当然,在当时全部的 9600 家 7-11 便利店里安装 ATM,伴随着前期投资的巨大风险。首先考虑的是顾客的便利性还是收支平衡,是战略的分歧点。由于曾在日本银行担任过电算信息局①局长,安斋对这方面有一定的了解。他计算出全店设置 ATM 的必要成本,最终下定决心——"没什么好怕的"。因为店已经在那儿了,设置 ATM 并不需要新的场地和人手。

这一判断让便利店 ATM 最终得以实现,到了第三年,ATM 的使用次数也终于达到了收支平衡线。由此带来的好评吸引了金融机构与其合作,产生了良性循环。安斋自己也利用自己的金融界人脉,并派出首席销售员出马进行合作交涉。终于,安斋一直以来强调的"专心做 ATM"理念受到了合作方的好评。正因为 SEVEN 银行是一家后起步的银行,所以除了 ATM 以外,它不进行其他业务,而是深入挖掘可以发挥自己特色的地方。这也是它与 2007 年诞生的 Aeon 银行的区别。Aeon 银行与地方银行竞争住房贷款等业务,但 SEVEN 银行并不进行融资业务,而是专注于 ATM 业务。

历来银行的"常识"都不适用

本来,要专心做 ATM 业务是需要花费很多时间的,但由于

---

① 现在已更名为系统信息局。——编者注

7-11便利店有经验和魄力在短时间内在所有门店设置ATM，SEVEN银行得以在7年里成长至此。如果没有这个支持，安斋的计划就只能是空中楼阁了。

设置完ATM之后，银行还需要构建1万多台ATM的维护机制、连接ATM与合作金融机构的安定强健的"中转系统"。这也是靠着7-11便利店与日本电气股份有限公司(简称NEC)、野村综合研究所(简称NRI)花费多年建立起来的门店系统和基础系统的运用，才得以将这些经验运用到SEVEN银行上。ATM需要补充和回收现金，而这方面则依赖于运用7-11的强项——物流系统，与委托作业方ALSOK的警备运送直接连接。从这些可以看出，SEVEN银行的基础结构是依靠7-11便利店各种外包服务的成功经验建立起来的，所以SEVEN银行可以依靠不足3000人的员工，夜以继日地控制13000多台ATM。

原先就职于三和银行股份有限公司(简称三和银行)的SEVEN银行常务执行董事、系统部长池田俊明表示："对于一个月安装几百台ATM的计划，我一开始不能相信，但7-11便利店和它的合作伙伴知道如何达成这个计划。一般银行与7-11便利店的经营速度和外包服务的运用构想完全不同，我自己也必须大幅度改变系统开发的理念。以前我在三和银行所累积下的常识在这里完全不能通用。"

其实，7-11便利店在将POS机改为新机型时，1个月就完成了数百台机器的更换。这意味着要在便利店的营业时间内，以每天数台的速度进行。7-11 便利店也是以这样的速度安装了全部的 ATM。例如在日本宫城县,工作人员在 3 周内安装了 330 台 ATM。等所有 ATM 都安装好后,同时开始运行。

发掘 ATM 新功能

既然要专心做 ATM 业务,就还要专注于对 ATM 机本身的开发。这一部分工作由从 NEC 的 ATM 开发部门跳槽到 SEVEN 银行的系统部副部长松桥正明负责。对于 ATM 的开发方,也就是他的老东家 NEC,他不仅会详细说明银行对 ATM 的需求,还对机器的规格进行了详细规定。ATM 的体积仅为便利店中的半个杂志栏大小,但其中包含着各种最先进的功能。而且由于熟知成本结构,松桥遵循 7-11 便利店对每一日元的成本削减都不妥协的原则,将 ATM 的价格抑制在业界平均价格的 1/3,每台只需 300 万日元。

这样做出来的 ATM 仿佛是一个带有新功能的宝库,让松桥引以为傲。遇到盗窃时,ATM 中的纸币会附上绿色的特殊墨水;ATM 的内置防盗摄像头可以辨识使用者;考虑到便利店内顾客混杂,ATM 的操作界面还要故意设计成让周围其他人很难看清……ATM 具备类似的安全功能特别多。2006 年 4 月,SEVEN 银行还先于业界在所有 ATM 上安装了读取借记卡 IC 芯片的功能;应 SEVEN 银行开业第一天服务的一位盲人顾客的要求，它实现了视觉障碍者用语音引导功能；为了应对国际卡，ATM 的界面可以显示 4 国语言，还可以进行电子钱币兑换。而类似这些在业界内首创的服务功能不胜枚举，特别是为日本纸币量身定制的墨水喷射功能和内置摄像头等防盗功能，对多起犯罪事件的侦破提供了很大帮助。

作为业内首创的尝试越多，过程必然就越艰难。SEVEN 银行曾经因为墨水弄脏了纸币而向日本银行道歉。也曾有第一次使用 IC 卡的顾客因为 IC 芯片损坏无法取出存款，而这些顾客没有向卡的发行方投诉，而是向 SEVEN 银行投诉，期间 SEVEN 银行就接到几十件类似的投诉。由于发生这个问题时 SEVEN 银行的系统也发生了错误，因此确认事故原因花费了很长时间，松桥甚至考虑过停止 IC 卡服务功能，但最终，SEVEN 银行还是找到了解决方法。正是这种执着地追求创新和努力做到最好的服务精神，才给了顾客一种安心感。

成城石井

项目概要

　　成城石井集团（以下简称成田石井）创立于 1927 年。从 20 世纪 90 年代起，它的门店扩张到了日本中部、关东、近畿地区，成为了日本知名的高级食品连锁超市企业。但是因创始人自身的一些原因，2004 年 10 月，它的经营权被转交到了经营烤肉店"牛角"的 REINS 国际株式会社（今雷克斯控股集团有限公司，以下简称雷克斯集团）手里。之后，成城石井陷入了一片混乱。由于新的管理团队不善于零售业的经营，下达的指令漏洞百出，开辟新的市场时操之过急，导致已有店铺的营业额大幅下降。在此背景下，日本企业重组基金会在 2006 年年末收购了其控股公司——雷克斯控股，紧接着在 2007 年 2 月任命曾任职于伊藤洋华堂并以"改革专业户"闻名的大久保恒夫为成城石井的社长。在保持原来店铺经营特色的基础之上，大久保进行了经营方针的改革：淡化员工对营业额等结果指标的意识；只制定 10 个左右的关键绩效指标

（KPI），并以周为单位进行考核；给重点商品更大的货架空间等。 这些简明易懂的方针，让成城石井终于打了一个漂亮的翻身仗。

　　成城石井横滨旗舰店位于横滨市的高级商业街,店内陈列着各种红酒、奶酪、果酱、红茶和日本茶等商品,夺人眼球。一小瓶果酱售价 499～699 日元,是一般超市同类商品价格的两倍。店内布局重点在高级加工食品和酒类的陈列上,为顾客营造出一种恰到好处的高档感。

　　但是你可能想不到,在 2004 年至 2006 年期间,这家店曾被危机所笼罩。不仅没有"高档超市"的感觉,还常常打出"特价"牌,甚至出现商品供应不足的情况。

　　直到 2007 年,企业才终于放弃了打价格战,返回到依靠高级优质商品抢占市场的道路上来。不仅如此,如今这家超市里的商品陈列比以前更强调突出重点了。例如,横滨旗舰店中有 400 多种红酒销售,其中 20 多种为畅销商品。超市员工便将这些畅销的红酒一字排开,占据更大的空间,并挂上"本月最佳"等推荐标识,让这些商品更加醒目。虽然这些商品都挂有促销牌,价格低于平常,但只需仔细观察就会发现,打折商品的降价幅度都控制在 10％以内。

　　2008 年秋的次贷危机给全球经济带来巨大的冲击,在这样不利的大环境中,成城石井仍然成功走出了经营困境,并迈上了不断成长的轨道。截至 2008 年 12 月,企业的年营业额达到 406 亿日元,经常收益与去年同期相比增长 80％,高达 22 亿日元,创下公司成立以来最高的赢利纪录。

　　2008 年,成城石井一口气新开设了 11 家分店。截至 2009

年 5 月，企业在东京、神奈川县、大阪府等地的分店数量已达到
60 家。由于经济危机的影响，大多数百货商店等高档零售业实
体都在浴血奋战，其中破产关门的不在少数。然而，成城石井
2009 年 12 月期的预算却仍然显示有望实现营业额和利润的共
同增长。

面对这样的成绩，大久保恒夫社长很淡定地说："只要我们
能为顾客提供与众不同的商品，细心关注商品的产地、原材料、
加工方法等，那么即使不是富裕阶层，也会购买我们的商品。"

的确，成城石井所销售的商品都是其他超市没有的、独特的
商品。这种战略巧妙地避开了与其他超市的正面竞争。但是在
大久保恒夫重振公司之前的 3 年时间里（2004—2006 年），该企
业的门店管理体系面临瘫痪，经营也陷入了窘境。

宣称放弃利润的"改革专业户"

2004 年到 2009 年，成城石井的老板换了两次。1927 年，
石井隆吉在日本东京都世田谷区创立了成城石井，这家企业可
谓历史悠久。但在 2004 年，石井家族由于财产继承上的一些原
因，将成城石井的股权转让给了著名的烤肉店"牛角"的控股公
司——雷克斯集团。可是在那之后，由于雷克斯集团自身经营
失利，于 2006 年年末被日本企业重组基金会的私募基金公司
Advantage Partners（以下简称 AP）收购。为了重组企业，AP 于

2007 年 2 月委派大久保担任成城石井的社长。

AP 的主要合伙人永露英郎回顾 2006 年该企业存在的问题时,如此说道:"雷克斯集团将餐饮产业的经营手段强加于成城石井这样的零售企业,导致了公司内部的混乱。不仅如此,雷克斯集团还一味地实施扩张战略,企图发展新的经营领域,顾此失彼,导致已有门店营业额的大幅下降。"原有店铺的营业额起伏不定,2007 年 12 月期的经常收益跌落至 6 亿日元左右,只有股权转让前的 1/3。

新官上任的大久保被人称为"改革专业户",在零售业界早就声名远扬。他以伊藤洋华堂为职业生涯的起点,并参与了迅销集团(优衣库)和良品计划株式会社(无印良品)的经营改革计划。2003 年 9 月起的两年半时间里,他担任了日本九州最大的连锁药妆店 DRUG ELEVEN 公司的社长,而这家负债累累的企业也在大久保的带领下得以重新走上正轨。

2007 年 2 月,在成城石井发表就职演讲时,大久保意味深长地对员工们说:"从今往后,大家不用再考虑营业额和利润了,只要一心为顾客着想就行!"

在企业重组基金会的工作人员也在场的情况下,这样的话可不是轻易就可以说出口的。但是大久保故意这样呼吁,是因为他认为,"业绩一直不好,导致工作在一线的员工们正丧失信心"。

AP 的主要合伙人永露英郎将这一切看在眼里,进一步相信了大久保是一个有着坚定信念的人。在最初的几个星期里,永露曾参加了成城石井所有的内部会议。但在确信大久保的改革思路非常清晰,他制定的方针能够得到全公司上下的理解并顺利推行时,永露便不再参加了。在成城石井业绩不断看涨的今天,永露甚至借鉴大久保的改革思路和方针,并运用到烤肉店"牛角"的经营中,取得了不错的成果。

保留公司特色,加快销售速度

大久保恒夫曾多次负责零售企业的改革工作,他丰富的从业经验在成城石井的改革中发挥了关键作用。仅用了几个星期的时间,大久保已经对企业中必须变革的问题以及不需改革的地方都了然于心了。

坚持不变的是商品。大久保保留了公司一贯的商品采购制度:从全国各地甚至国外采购优质的商品,即使量小,也会积极购入。在大久保就任之初,他曾研究过是否要改变这种商品采购制度。他询问公司的元老级执行董事、营业部部长原昭彦,能否加大畅销商品的采购力度。但是原昭彦却反对说:"成城石井所销售的商品与其他公司不同,并不能一下子大量买进。如果生产商从其他产地购入了农作物作为原材料,就会极大地影响到商品的质量,也就失去了自身的特色。"听到这番话,大久保也深表认同,于是保留了这一制度。

事实上,原昭彦坦言,他曾经非常担心新社长会不会破坏现有商品质量的保障体制。2007 年,41 岁的原昭彦虽然比 53 岁的大久保年轻了整整 12 岁,但是在这家企业中工作的经验却已近 20 年。他早在 1991 年时就进入了当时只有两家门店的成城石井工作。对于后来连锁店的扩张,他认为自己功不可没。

大久保对原昭彦提出的唯一要求是:"在保留公司自身特色的基础上,加快推进销售步伐。"除此之外,大久保没有多说什么。原昭彦也不负大久保的期望,从 2007 年春天就改变了新茶的促销方案。成城石井本身就擅长开展应时的促销活动,每年日本茶的新茶一产出,成城石井就会第一时间上市销售,只是苦于新茶的产量有限。于是公司制定了新的方案,以星期为单位,更新陈列格局和促销活动,适时从不同产地购入新茶,错开时间销售。例如每年 4 月上旬销售鹿儿岛产的茶,下旬则是产自静冈县的茶。如此一来,销售量大幅增加了。而在大久保上任之前,公司中是不存在这种销售时限的紧迫感的。

另一方面,大久保重新从宏观角度研究了店铺的运营体制。他认为,店内存在的问题有以下几点:各个门店为了保证销售额和利润,动不动就进行打折或海报促销等活动;店铺推出各自主打商品的策略效果适得其反,主打商品销量不佳,其他商品却出现了缺货的状况。大久保将这些问题都归责为领导指挥系统的混乱。

不关注眼前的结果

比起商品方面的改善,大久保在就职之初更加看重的是建立一个循环体系:以 10 个左右的 KPI 为基础,以周为单位循环的 PDCA(计划、执行、验证、改善)循环系统。此举的目的在于明确指令,切实保证门店贯彻了运营的根本要求。另外,他还在公司新开设了"经营会议",于每周一的中午召开。在会议上分析上周 KPI 的数据,讨论解决方案,并在本周内执行。

此外,大久保在原则上禁止了海报促销等与价格有关的促销活动。这一决策导致的结果便是,从大久保就任社长的第二个月(2007 年 3 月)起到 2007 年 9 月,成城石井已有门店的销售额与去年同期相比,呈下滑态势。由此可见取消打折活动带来的巨大影响。换做普通的经营者,看到这一情况后或许会马上将营业额和利润这些指标也加入到 KPI 中,并向销售人员施加压力。但是,大久保却反其道而行之,仍然将这些结果指标排除在 KPI 之外。

大久保制定的 KPI 有 10 个左右,但他并没有要求员工们在同一时期进行改良,而是让他们按时间顺序,投入全部精力,各个击破。首当其冲的 KPI 指标是"礼貌用语"。因为他认为,要留住那些在商场不打折的情况下仍然来购物的老顾客,这是一项不可或缺的关键因素。公司在每个分店都安排了外部调查员,负责考核每家店礼貌用语的使用状况。

几个星期之后,公司将目光转移到了"重点商品的缺货率"这一指标之上。公司定义的"重点商品"共有128个品种。大久保从总数逾10万种的商品之中挑选出了包括红酒、奶酪在内的8个商品大类,又从这8个大类中分别挑出16种商品,总计128种商品。这些重点商品的挑选标准为:能体现成城石井自身注重质量的特色,能让人怀着十足的自信向顾客推销,而且毛利较高。大久保一方面在公司内部强调不要过分重视营业额和利润,另一方面促使员工将销售的重点放在这些"重点商品"上,如此一来,即使不注重营业额和利润,它们也会自然而然地提高。原则上,成城石井的所有门店中都实行统一的"重点商品"销售策略,配合KPI中的"缺货率"管理方案,各门店的订货逐步稳定。

随着"缺货率"的解决,"重点商品的销售量"这一指标就被提上了日程。为了提高销量,各家门店像我们在文章开头提到过的横滨旗舰店一样,将重点商品陈列在店内醒目的地方。在收银台前面的"宝地"中,也都摆放着公司规定的"重点商品"。

在有步骤地进行KPI管理以强化店铺运营的过程中,基层的员工并没有觉得迷惘。正如横滨旗舰店的店长野泽拓人所说:"我并没觉得被这些指标所束缚。相反,我能够更加全力以赴地致力于畅销商品的销售了。"因为上级的方针明确了,下级的门店就能够更加容易地设计出一个有张有弛的卖场布局了。

2007 年 2 月,"重点商品"策略刚刚开始实行的时候,"重点商品"的销售额仅占所有商品销售总额的 6.5%,但是到了 2009 年 5 月,这一比例增长到了 25%。与此同时,成城石井的毛利润从原先的 29% 增长到了 33%。

半年时间,门店营业额呈上升趋势

在 2007 年改革刚开始的半年时间里,已有店铺的营业额与上一年度同期相比一直是下降的,但自 2007 年 10 月以来,营业额转而呈上升趋势。这一情况证明了大久保的预测是正确的:只要贯彻了门店商品布局这一根本方针,营业额的增长就只是时间问题。

2008 年,公司开始倾全力解决 KPI 中的"人才培养"问题。公司通过统计门店员工参加研修班的出席率和"收银技能检测"的合格率来考核这一指标。这个指标反映了大久保的一贯主张:店长并不需要精通损益计算表等会计知识,重要的是掌握相关的商品知识,提高店员的服务水平。

横滨旗舰店的店长野泽参加了公司新开设的"红酒研修班"课程。通过一共 8 次、每次半天的课程学习,他品尝了上百种红酒。当然,每次的考试也都很严格。但他说,正是得益于这样的研修班学习经验,如今即使顾客向他咨询"什么样的红酒适合这样的料理"这种问题时,他也能够充满自信地给出答案了。

当下,日本的经济状况仍不容乐观,然而成城石井正在考虑开设新的分店。2008年,公司曾同时新开了11家分店,截至2009年5月在东京、神奈川县、大阪府等地的分店数量已达60家。2009年3月,成城石井还新建了一座能满足100家门店需求的大型物流中心。但是大久保十分清楚,包括"牛角"在内的众多零售业和服务业公司都曾因人才的问题陷入经营窘境。通过总结这些公司的教训,他说:"公司不断发展的前提,是不断培养出深谙门店最基本的经营之道的人才。"

成城石井的历史沿革时间表

从创立到扩大		
1927 年	2 月	石井隆吉在东京的世田谷区创立成城石井。
1988 年	6 月	开设第一家分店(青叶台店),开始市场扩张战略。
进入雷克斯集团旗下,却陷入经营困境		
2004 年	10 月	REINS 国际株式会社收购成城石井。
2005 年	12 月	"成城 MARKET"代官山店以全新的经营模式开门营业(3个月后转型为精品店)。 开设"成城石井精品店"等,专注于开发新的经营模式。
大久保的改革		
2006 年	11 月	雷克斯集团业绩不佳,陷入经营困境。私募基金公司 Advantage Partners 介入重组工作,雷克斯集团宣布退市。
2007 年	2 月	大久保恒夫就任成城石井公司董事长,着手门店经营改革。

续表

2007 年	4 月	名古屋中心公园店、新丸之内大楼分店(东京千代田区)开业,加快推广现有营业模式的步伐。
2007 年	10 月	因严格控制降价促销力度,导致营业额短暂地出现下滑现象,但是既有门店的销售状况渐渐转好。
2008 年	3 月	公司颁布规定,开设"红酒进修班"、"奶酪进修班"等专业进修课程。
2009 年	3 月	在神奈川县厚木市开设物流中心,以应对店铺扩张战略。

GOLDWIN

项目概要

旗下拥有乐斯菲斯（*The North Face*）、冠军（*Champion*）等知名品牌的 *GOLDWIN*（高得运公司）曾连续两期（*2007* 年 *3* 月期和 *2008* 年 *3* 月期）出现营业赤字。为了摆脱经营危机，该公司从第一大股东——三井物产聘请来了纤维产品业界的权威人士主持改革工作。公司一方面忍痛变卖掉公司总部大楼以渡过财政危机，另一方面为了能尽早恢复基本赢利实力，公司制定了一个 *3* 年计划并付诸实行。

公司从影响收益的四大因素着手，首先严格控制在销售过程中因退货和打折等产生的损耗；进而在采购方面改革，降低采购价格；抑制不必要的商品流动以降低物流成本；降低人工费。随着这一系列措施的实行，公司在 *2009* 年 *3* 月期的决算中，终于扭亏为盈。*2010* 年 *3* 月期的数据显示，产品退货率已经降低至个位数，达成了预定的目标，库存也成功削减了

15 亿日元，与去年同期相比，营业收益实现了大幅增长，同比增长 88.7%。 在 2011 年 3 月期的预算中企业也有望实现营业额和利润的双增长。

在山野中，身着色彩鲜艳的户外装束，沉浸于登山乐趣之中的年轻女性总是格外引人注目的。这个被称为"山女"的群体，正在不断壮大。得益于此，2010 年时 GOLDWIN 公司因旗下"The North Face"等人气爆棚的户外运动品牌而大受瞩目。2011 年 3 月的预算显示，该集团的营业利润有望实现持续增长，发展态势良好。但是在之前的两三年里，这家公司却一直陷在前所未有的财务危机之中。

"对于我们公司来说，大江就是（我们 GOLDWIN 的）戈恩①。他为人严肃且强硬，是个急性子，可是如果没有大江，也不会有我们公司的今天了。"GOLDWIN 的一名干部深有感触地说，并回忆起 2008 年开始的改革工作的那段时光。

2008 年至 2011 年的 3 年时间里，带领 GOLDWIN 走出困境的，正是公司副总裁、董事会执行董事、综合企划部部长兼事业总部部长——大江伸治。

大江此前供职于三井物产，这家企业在日本纤维行业领域颇有声望。2007 年 6 月，他肩负企业改革、重组的重任，以顾问的身份进入经营运动服装的 GOLDWIN。当时的 GOLDWIN，仅 2007 年 3 月期的财政赤字就高达 11 亿日元。

大江一上任就指出，此次改革的重点在于财务改革和基本

---

① 是指带领日本日产汽车公司完成多项计划的卡洛斯·戈恩。——编者注

收益力的恢复。在财务改革方面,最具代表性的措施便是变卖公司总部大楼以减少有息负债总额。2007 年下半年开始,公司高层就对变卖大楼的问题进行商讨,由于决定下得早,恰好在 2008 年 9 月次贷危机爆发前卖出,避免了房价下跌带来的进一步损失。但改革的另一个重点——恢复基础收益力就不是那么简单了,大江认为:"必须从根本上改变公司内部存积已久的不良商业习惯。"

在大江看来,GOLDWIN 基础收益力低下的原因很明显,即"没有完善的成本和风险管理体系"。其中,各门店的退货以及大幅降价等销售过程中产生的损耗更是增加了成本负担。

例如 2009 年 3 月,GOLDWIN 在没有计算退货和降价的情况下,毛利率大约为 45%。但是因过量推销给经销商而造成积压库存到了决算期结束前被退回,算上退货和降价销售等相关损耗,最终的毛利率下降到了 38%。公司在 2007 年 3 月和 2008 年 3 月两期决算中出现赤字也正是因为损耗过大,经费支出远远超出了收益总额。

不合理的成本·风险管理体系

其实在 2000 年 7 月至 2002 年 6 月的两年时间里,三井物产曾委派大江担任 GOLDWIN 的常务董事,因此大江当时便已经对公司结构上的弊病有所了解了,只是当时这些问题还未成为致命伤。但是 2007 年 6 月大江再次进入 GOLDWIN 时便发现,销售损耗的问题已经暴露出来了。

为什么会出现如此严重的损耗呢? 一言以蔽之,这是因为商品一直处于供大于求的状态。门店对于像 The North Face 这样的知名品牌往往很有信心,因此在旺季到来之前大批量地下订单,囤积库存。他们以为,只需要将这些货物分配到各家门店,市场就自然有能力将这些产品消化掉。这种靠自然销量消化库存的做法已持续多年。在卖方市场时期,这种做法倒也无可厚非。但是自进入 21 世纪以来,市场已由卖方主导转向买方市场,供求关系发生了变化,门店里就开始出现大量的库存。原来的销售思路已经不适应市场发展了,但是公司却仍然在沿用这个做法。这自然导致了大量的退货和降价促销。

不仅如此,接受退货的交易形式本身也有弱点。因为这么一来,多数的门店并不是从 GOLDWIN 购买商品,而是以代理经销商的身份销售商品,GOLDWIN 就不得不承担起商品滞销的风险。对于销售门店来说,这是极为有利的销售环境。如果是在经济景气的时代,90％以上的商品都能顺利出售,这种交易形式对公司并不会造成什么影响。

但是大江指出了这种经营模式在风险管理方面的不妥之处:“风险由我们公司承担,可是商品管理的主导权却不在我们手上。这是不合理的。”

于是他发出了一道翻天覆地式的命令,要求公司相关人员与各经销商进行交涉，更改交易条件。销售门店必须从GOLDWIN 买断商品，自行承担相应的风险，而不是仅作为代理商；或者仍由 GOLDWIN 承担商品滞销的风险，但条件是GOLDWIN 全权负责商品的相关管理。在重要的谈判场合，大江也会亲自出席。如此一来，公司重新定位了大江常常挂在嘴边的"3R"——风险（Risk）、角色（Role）、收益（Return）。

既然掌握了商品管理的主导权，GOLDWIN 就必须亲自深入卖场了解情况。大江将视点转向优衣库等服装业的龙头老大的优势所在——SPA（Speciality Retailer of Private Label Apparel，自有品牌服装专业批发商），促进工作人员的意识改革，试图将商业模式转变为 B2C（企业对消费者）、B2B2C（企业对企业对消费者）。公司一方面增加直营店的数量，另一方面在其他商场中以"店中店"的形式开设新的专柜，并派遣公司内部员工负责相关的销售工作。

经过 2008 年、2009 年这两年的调整，GOLDWIN 渐渐熟悉了门店的相关管理工作。2008 年 3 月期的决算显示，自主管理比率仅占直营店数量和营业额的 20％左右，而到 2009 年就已超过了 35％。公司希望，将来这一数值能超过 50％。2009 年，公司内部还开展了待客竞赛等新活动，以强化门店的经营意识。

在引导工作人员重视门店工作的同时，大江还强调"要彻底打击不合理、不公平的商业活动"。他提出了即使营业额降下去，也得优先确保利润率的经营方针。

取消事业部部长的订货权

当然,变更交易条件是不可能按 GOLDWIN 单方面的意见进行的。只要门店觉得自己处于不利的境地,谈判马上会陷入僵局。因此,公司就有必要同时进行自身的内部改革。最典型的改革方针就是控制库存总量。

在就任半年后的 2007 年冬,大江下达了一条起决定性作用的指示。他命令综合企划部经营企划室的绀屋博行,缩减积压已久的库存。绀屋在此之前一直负责集团的新开发项目和海外项目,因此 15 年来一直不在公司总部工作,而是驻守在意大利,有着非常独特的市场经验。

"没有受到 GOLDWIN 内部氛围影响的绀屋,应该可以提出别出心裁的构思吧。"大江对于与自己有类似经历的绀屋抱着这样的期待。

绀屋花费数月,就控制退货量和降价幅度、削减调配成本、节省物流开支等问题进行了深入研究并制定了相应解决方案。2008 年年初,他提出了控制库存总量的方案。

这一方案的核心在于,GOLDWIN 旗下每个品牌都需根据上一期的实际销售业绩和所剩货尾数量,事先确定这一阶段所应持有的库存量。大江欣然采用了绀屋的方案,并将这一决策强制下达给负责各品牌的事业部部长。紧接着,包括大江、绀屋和所有事业部部长在内的 30 多名公司高管参加的"订单管理会议"(后更名为"订单流动会议")于 2008 年 4 月第一次召开,这是一个全新的尝试。

商品订单管理和库存管理方面的所有事务都是由这个会议决定的,并由大江最终审核批复。以往,商品的订货量都是由各品牌的负责人,即事业部部长决定的。但实施控制库存量的新政策以来,订货的权利就全部集中在了订单管理会议的参与者手中。这话说穿了,就是从各事业部部长手中把订货权拿了过来。

在每个月的订单管理会议上,参会成员都需花费数小时,就商品的投放量、库存量、消化率、退货、降价等影响品牌收支的相关数据和资料等进行讨论。另外,各成员还需上报当月的库存总量,一旦发现有异常状况,立即取消订货。

在会议刚开始召开的前两年时间里,大江常常毫不留情地训斥事业部部长们。在 GOLDWIN,还从未有过如此高级别的管理人员在众多同事面前遭到痛斥的前例。特别是在发现有些人企图瞒着自己和绀屋增加库存总量时,大江更是勃然大怒,拍案而起,吓得与会人员鸦雀无声,没有一个人敢反驳。在一段时间里,订单管理会议上常常弥漫着这样紧张的气氛。

对此,事业部部长们自然怨声载道。因为他们不仅失去了订货权,还常常会在会议上受到指责,而最终这些矛头都指向了绀屋。甚至有人当着他的面直言:"你这家伙,相当于是门都没敲一声就跨进了别人的屋子。一个外行,对我们事业部的工作都知道些什么?!"

这些话传到大江耳朵里,他只是付之一笑:"权当作是夸奖吧。"

取消提前半年的一次性订货

自召开订单管理会议以来,公司最大的政策变化便是取消了商品的一次性订货。

GOLDWIN销售的商品分为夏装和冬装两类。以前,公司会提前半年向工厂下订单,一次性生产所有商品。但是提前半年时间,是不可能准确把握市场的供求关系的,因此就出现了库存过剩、退货堆积如山的情况。

提前半年一次性完成订货是体育用品界特有的商业习惯,这主要是因为这一行每年会召开两次面向下一季的展销会。提前半年发布新产品,在展销会上与客户洽谈,与每个客户约定一个具体的"数量",就可以估计所需的库存总量,并向工厂下订单。但客户并不需要承担销售所有商品的义务。

尽管如此,"只要展销会一结束,公司里就开始弥漫着一种散漫的气息,似乎一个阶段的工作已经告一段落了。"

为了改变这种状况,自2008年春开始,GOLDWIN的订货管理开始严格遵循"将第一次订货量控制在计划量的65%~

90％"的原则。接下来的量则根据进入销售期后的商品销量情况,相应追加。这相当于是"为了避免库存过剩而拧紧了水龙头",这一订货方式的效果很好。放眼如今的服装界,大多数企业都是以"快速反应系统(Quick Response,简称 QR)"为经营理念的,而此时的 GOLDWIN 才刚刚站在起跑线上。

由于刚刚在 QR 之路上起步,GOLDWIN 在最初的一年时间里不断尝试,不断摸索和适应。因为此前一直采用的提前半年一次性订货也是有其合理性的。

运动用品和户外用品所使用的是功能性材料,一般会具有较好的防寒或散热性能等。这类材料采购生产起来比普通服装的原材料费时。因此为了保证库存,需要提前半年就着手安排。所以当 GOLDWIN 停止这种做法以后,状况频出:2009 年 3 月,某款大受欢迎的商品因为没有准备足够的原材料,无法追加订单,造成断货;相反,工作人员为某款商品储备好了充足的材料,但没料到这款商品销量一般,材料没用上。但大江还是表示能够接受这些失误,因为面料和半成品仍可以用在其他地方,风险较小。

因控制库存量而产生不安的是销售人员。在 2008 年夏天还有员工公然表示不满:"没有子弹,让我们如何战斗?"但是在 2008 年 9 月发生全球次贷危机之后,情况发生了 180 度的转变。公司上下都发现,库存少反而更有利。从那以后,"某家专柜的商品缺货时,我们会及时从其他柜台调货,实现库存共享。

一线的工作人员根据实际情况想出了这类办法,使专柜不出现缺货现象。"

用时两年,大幅改善退货及降价销售状况

大江和绀屋耗费两年时间进行的改革,终于获得了卓越的成效。至 2010 年 3 月决算结束时,库存总量减少了约 20%,总额削减了 15 亿日元,这也直接影响了业绩的回升。2010 年 3 月期的决算显示,尽管该期的营业额与同期相比减少了 5.7%,但是利润的增幅却达到了 88.7%。与 2008 年 3 月期相比,销售过程的消耗比例也大幅降低,其中,退货率从原先的 13.7%降低为 9.2%,减少了 4.5%;降价率从 3.5%降低为 2.9%,减少了 0.6%。换算成金额的话,大致相当于减少了 10 亿日元的消耗,可以说,是一次效果显著的改革。

另一方面,通过商品调配改革,成本率从原先的 27.8%降低为 25.1%、减少了 2.7%,节省的总额约为 23 亿日元。物流改革方面,单位营业额所消耗的物流费比率从原先的 4.7%降低为 4.5%,降低了 0.2%,节省总额达到了 2.6 亿日元。退货数量得到控制后,库存管理费、再发货时所产生的人工费、运费等也都节省了下来。在这些改革措施实施了一段时间后,仓库中再没有堆积如山的货物了。另外,因到期退休和提前退休,公司员工总人数减少了 130 人,使得工资等相关开销节省了 3.5

亿日元。

解决了公司的库存问题后,绀屋自2009年8月开始兼任运动风事业总部运动风事务部部长。同时,他还负责冠军品牌商品的销售工作,将自己制定的"控制库存总量"政策运用于实际的销售过程中,积极控制商品退货率。绀屋表示:"没想到能有机会亲自实践自己制定的政策,对我来说,这实在是一个千载难逢的好机会。"

长期以来,冠军品牌的运营对于GOLDWIN来说只是一种负担。但是进入2010年以后,这个品牌在绀屋的领导下有了新气象,员工们也找回了以往的干劲。2010年4月至11月的数据显示,冠军品牌产品的退货率与上一年同期相比减少了61%。从收益表中也能明显看到它的成长:2010年4月至11月的营业利润与上一年同期相比,增长了1.4亿日元。2010年全年的营业利润将有望达到2.5亿日元。

第三章

新领域带来新机遇

麒麟啤酒

在成熟市场的周边寻找新需求，

实现"世界第一"

项目概要

    2007 年 9 月，日本颁布了新的道路交通法，对酒后驾车的惩罚力度进一步加大。于是，日本啤酒业龙头老大之一，麒麟麦酒酿造会社（现更名为麒麟控股株式会社，以下简称麒麟公司）着手开发司机也能饮用的酒精度为 0 的啤酒味饮料。以前的类啤酒饮料产品虽然被称为"无酒精啤酒"，但实际上还是有 0.5% ~ 1.0% 的酒精含量。要使产品真正不含酒精，就不能使用酵母发酵，但如此一来，饮料中也就失去了啤酒特有的口感。为了开发这款新产品，麒麟公司运用了以往在开发白酒和软饮料时积累的经验和技术。

    2009 年 4 月 7 日，麒麟公司在高速公路的服务区开展了新产品免费试饮推广活动，请路过的司机免费品尝。上市之后，这款饮料的销量一路看涨，麒麟公司两次上调了销售目标，最终年销售量达到 250 万箱（每箱大瓶装 20 大瓶），是最初预定目标的 4 倍多。 如今，这款名为"*Kirin Free*"的无酒精啤酒味饮料不仅在超市、便利店有售，连各式餐厅都开始引进了。

2009 年 4 月 7 日，东京的最高气温刚过 20 度，风和日暖。这一天，为了预祝第二天即将发售的无酒精啤酒味饮料发售顺利，麒麟公司举行了一场盛大的宣传活动。活动地点设在连接神奈川县川崎市与千叶县木更市的东京湾"Aqua Line"高速公路的海萤服务区。

时任销售总部市场部商品开发研究所新商品开发组主管的笠井隆秀说："就在一年前的这一天，这里曾因为强风来袭而实施了临时的交通封锁，让我有点担心今天的活动能否顺利举行。"但是看到当天天气晴朗，他和其他工作人员都松了口气。笠井正是此次新产品"Kirin Free"品牌战略的负责人。

以往的啤酒味饮料仍然含有少量的酒精，因此不适合司机饮用。麒麟公司本次推出的世界上首创的无酒精啤酒味饮料"Kirin Free"完全不含酒精成分，口感却丝毫不逊色于普通的啤酒。要到海萤服务区，只能开车前往，所以在这里是最适合向广大司机朋友宣传新产品"开车也能饮用"的理念的。麒麟公司董事会董事长松泽幸一和日本前 F1 赛车手中屿悟等人，身披写着"开创喝酒驾车新时代"的绸带，向经过的人们分发新产品。

就这样，"Kirin Free"迎来了它的发售日。在发售日之后的那个周末，这款饮料就出现了断货。麒麟最初制定的 2009 年年度销量目标为 63 万箱（每箱大瓶装 20 瓶），但新产品上市后的一个月时间里，就卖出了 160 万箱，是预定目标的 2.5 倍。4 个月后，也就是 2009 年 8 月，麒麟公司将年度销售目标上调为

250万箱。

20世纪90年代末以来,发泡酒①和"第三啤酒"②的销量急速增长,但是,啤酒风味饮料的整体市场占有率呈下降趋势。与顶峰时期的1994年相比,2008年时,啤酒风味饮料的市场占有率下降了约16％。在成熟市场的基础上,人们需要发掘出新的市场需求。

其实,这并不是麒麟公司第一次开发啤酒风味饮料,早在2003年,麒麟公司就开始销售一款名为"Molt Squash"的饮料。当时,三得利、札幌啤酒、朝日啤酒都曾因有关部门对酒后驾驶的惩罚力度加大和为消费者的健康考虑而加入抢占啤酒风味饮料市场的竞争。

啤酒风味饮料也被称为无酒精啤酒,但其中往往仍含有0.5％～1％的酒精,所以司机或是因病不能饮酒的人还是不能喝这类饮品的。自2005年以来,随着价格更加低廉的"第三啤酒"在消费市场的走俏,无酒精啤酒也越来越没有市场了。

---

① 这是一种日本特有的说法。日本的酒税法规定,只有麦芽比率在66.7％以上,且只使用大米、玉米等原料制成的酒才算啤酒,其他则称为发泡酒。这些酒的口味往往类似啤酒,但价格更便宜。——编者注
② 指非麦芽发酵的类似啤酒的酒,又被称为啤酒类酒精饮料。——编者注

因道路交通法的修正而开辟出潜在市场

麒麟公司着手开发新产品,是在 2007 年的秋天。那年 9 月,日本道路交通法再次通过修正案,对酒后驾驶行为加大了处罚力度。公司也接到许多顾客致电咨询"司机在饮用啤酒风味饮料后能否开车"的问题。对于这个问题,麒麟公司只能回答:"这类饮料是含有酒精的,虽然含量很低,但是饮用后还请不要驾车。"这些咨询显示出了潜在的市场需求。

为了响应这一需求,麒麟公司启动了新产品开发项目,旨在开发出"开车时也能放心饮用"的饮品。

梶原奈美子曾就职于一家化妆品生产企业。来到麒麟公司就职后,她从这个项目启动之初就参与其中,是商品开发研究所新产品开发小组的成员。她回忆道:"如果饮料中不含酒精,受众群体的范围就能得到很大程度的扩大。我希望能发挥我在化妆品行业所积累的经验,因为这也是一个客户没有年龄限制的行业。"

梶原首先着手调查消费者们可能会饮用这类饮料的场合。不仅是在驾驶过程中,其他例如在高尔夫球等体育运动的休息时段、工作的间隙、葬礼上等,都是需要保持清醒的。同时,她还通过采访和网上调查来收集这方面的资料,发现需要这类饮料的场合远比预想的要多得多。

2008 年 1 月,在挖掘商品概念的过程中,麒麟公司提出了"致与车共生的人类"这一口号。虽然这句话最终并没有出现在广告中,但是正如梶原所说,"这句口号一提出,我们就把握住了大方向"。与其向广大消费者展示这种饮料可以在很多情况下提供方便,不如集中精力向受益最多的群体——司机们,进行宣传。

接下来就是商品的命名了。在几个候选名称中,突出新产品不含酒精这一特性的"Perfect Free"一词曾在公司内部得到了一致的认可。但是采访了一些外部评论员之后,发现了一些耐人寻味的倾向。

大多数外部评论员认为,"Perfect Free"和其他的一些候选名称一样,听过之后很容易被"这个"、"那个商品"等指示代名词所代替。但是"Kirin Free"不同,听过一遍就能记下来。笠井说:"在一般的采访调查中很少出现类似情况。既然'Kirin Free'这个词这么容易让人过耳不忘,就用这个词吧!"就这样,敲定了新产品的名称。

"Kirin Free"的包装也旨在强调新产品的"类啤酒"特质。此前的"Molt Squash"的外包装为蓝白搭配,容易使人联想到软饮料,而此次则用了金黄色调,配以麒麟公司的"圣兽"LOGO(商标)。梶原说:"我们引入了很多强调'类啤酒'的元素。"另外,包装在标记零酒精度时没有简单地用"0%"的方式,而是采用了"Alc 0.00%"的标记方式,并突出这段文字。这也是对有些消费者会对该产品产生是否完全不含酒精顾虑的一个强有力的保证。

不是啤酒，胜似啤酒

在梶原和笠井努力打造品牌的同时，新产品开发小组负责饮品开发的成员则再次因为这次新产品开发的难度而感到十分棘手。当时，该小组的主要负责人是担任调查主任的太田雄人和参与过 2003 年"Molt Squash"开发的两名员工。

起初，太田干劲十足，他说："我们要完全凭借自己的力量开拓新的市场。这比改良已有的商品要有意义得多！"但是之后不到两个月的时间，他就意识到了这个项目的难度。

众所周知，只有将酵母加入原麦汁中使其发酵，才能酿制出啤酒。而在这个过程中，也会形成啤酒独特的风味。因此以往在生产啤酒味饮料时，加入酵母发酵的过程仍旧是必不可少的，只不过是将发酵时间缩短，或是将酵母的用量减少而已。但是要真正做到不含酒精，就不得不舍弃发酵的过程了，而这正是产生啤酒独特口感的不可或缺的步骤。

太田带领的小组摸索着完成了第一款试制品。但是在外部评论员的测评调查中，这款试制品只得到了 4.5 分的平均分，而满分为 9 分。对此结果，太田表示非常失望："虽说是第一款的试制品，可是得分也太低了。简直无法相信！"通常，新产品在评论员的调查中最低都能达到 5.5 分,而作为新产品的参照物,"Molt Squash"则达到了 6 分。看来,接下来的路还很长。

太田又新招了两名曾经负责开发其他类别商品的技术人员。其中一人曾负责过一种听装低酒精度饮料的开发,另一人则在 Kirin Beverage 负责软饮料的技术开发。录用这两人是因为太田认为,"既然产品里没有酒精,那就不是真正意义上的啤酒,而是软饮料。可是这种软饮料又要让消费者联想起啤酒。"

啤酒、低酒精度饮料、软饮料这三个不同领域的技术人员齐聚一堂,终于为"Kirin Free"的开发打开了局面。大家都认为他们要开发的饮料有三个关键点。

第一个关键点是酿造出即使不发酵也能产生啤酒独特口感的原麦汁。这就要求在准备原料时就要下足工夫,思考如何充分挖掘出麦芽的精华。第二是采用罐装白酒"冰结"等的香味调和技术。开发人员用分析仪器分析酵母自身香味中含有的数千种香料成分,并依靠调和技术增强啤酒特有的口感。第三个关键点是调节啤酒特有的酸度的技术。其中运用了 Kirin Beverage 在 2005 年 1 月发售"Kirin 柠檬酸 Supli 903"时发明的新技术。

2008 年 9 月,成员们终于在太田的带领下开发出了较为令人满意的"Kirin Free",这比原计划迟了半年时间。太田表示,"Kirin Free"是由麒麟啤酒和 Kirin Beverage 共同完成的。麒麟公司还特意为这次新产品开发过程中使用的技术申请了 3 项专利。

用交警的模拟装置进行试验

当新产品的开发工作进入收尾阶段,太田却还有一点始终放心不下,他担心消费者不能放心饮用该产品。因为每每提起新开发出的试制品,大家都表示口感"爽口,令人放松"。该产品不含酒精,所以并不会让人喝醉,而且大家是以"生产出和啤酒口感无异的无酒精啤酒"为目标一路努力过来的,听到这些评价,开发小组的成员也禁不住流露出喜悦之情。但是,这种令人微醺的口感是否会让消费者在开车时感到不安呢?

实际上,梶原和笠井在试饮时也意识到了上述问题。因此为了慎重起见,他们亲自进行了实验。他们以警察厅科学警察研究所一篇名为《有关低酒精度饮品是否会对驾驶造成影响的调查研究》的论文为参考,借用了研究所和驾校使用的模拟驾驶装置,对"饮用 Kirin Free 是否会影响驾驶"这一问题展开了研究,还听取了论文执笔者的意见。实验结果证明,饮用"Kirin Free"后所产生的令人感到放松的微醺感,并不会影响司机正常驾驶。

"Kirin Free"的正式发售日期逼近了,笠井向梶原问道:"这次的开发过程中是否还有遗漏的事项?"梶原突然想到:"我们可以在高速公路的服务区内举行发售纪念活动!"在开发新产品项目启动之初,大家在闲聊时提及过举办这个活动,但该活动却一直被搁置着。

在服务区举办活动,来宣传这款开车时都能饮用的新产品,是一个绝佳的方案,但这也是前所未有的。麒麟公司和东日本高速公路公司的负责人进行了商谈,并综合考虑了到东京市中心的交通便利等因素,列出了东名高速公路上的海老名等几个服务区作为候选。但是这些服务区在便利性和知名度上仍然有所欠缺。正当开发小组苦于寻找举办地点时,有人提议了海萤服务区。这是一个非常有特色的服务区,于是梶原他们立刻同意了这个提案,最终选定在这里举办宣传活动。

"Kirin Free"拉动餐饮业发展

自产品上市以来,"Kirin Free"一路热销,它对麒麟公司的销售贡献不仅仅体现在销量上。

其一便是增加了麒麟公司与其他公司商业合作的机会。以往很少有业务往来,或是与麒麟的竞争对手合作的餐饮店,如今也愿意销售麒麟公司的产品了。因为这款酒精含量为零的啤酒风味饮料是麒麟公司独有的。

麒麟旗下各地的分公司也开始行动起来了。从 2009 年 6 月到 8 月的 3 个月时间里,佐贺分公司与呼子町餐饮业工会联手展开了"喝 Kirin Free,消灭酒后驾车"的促销活动。在呼吁安全驾驶的同时,开车前往合作餐厅用餐的顾客还能免费获赠一罐"Kirin Free"。麒麟啤酒销售总部销售部负责人合原康成说："我们很有可能在春季和秋季的交通安全周展开新的宣传。当然，我们会拿出与众不同的构思。"

如今，几家餐饮业的巨头都把"Kirin Free"加进了饮料单中，这些餐饮店表示，这款饮料还提高了每个消费者的消费额度。以前，好酒的顾客开车来店里吃东西时，只能点一杯像乌龙茶这样的软饮料，而这些饮料的单价都较为低廉。举个例子，日本大型餐饮集团 Monteroza 旗下的"白木屋"中销售的"Kirin Free"为一杯 305 日元，而乌龙茶等大部分软饮料的价格在 208～252 日元。

另一个在以往新型啤酒饮料发售时从未出现过的现象是，Kirin Beverage 的营销负责人竟然也在帮助"Kirin Free"寻找销路。凡是 Kirin Beverage 的销售团队销售软饮料的卖场中，都会出现"Kirin Free"。

同时，合原的团队也正在紧锣密鼓地准备餐馆使用的宣传小旗帜和广告牌。虽说这是各店铺和卖场要求的，但在出现真正意义上的对手之前尽可能创造有利于自身的营销环境，也是必须要做的一件事。

同年 9 月，朝日啤酒和三得利都发售了酒精含量为零的啤酒风味饮料。他们在研发和销售过程中不可能不重视"Kirin Free"的情况。此前，"Kirin Free"只有 350ml 的听装和小瓶装，但在 9 月 16 日又发售了 500ml 的听装和中瓶装。因为这些商品都不是酒类产品，无需缴纳酒税，因此利润率较高。由此看来，无酒精啤酒的市场虽小，却潜力十足，而且正在稳步发展之中，同时三大啤酒生产商间的市场竞争也愈演愈烈。

Nissen

让胖美眉也能开心购物

项目概要

2007 年 12 月期，日本 Nissen 控股公司（以下简称 Nissen）的财政赤字已经达到了 20 亿日元。 在这种状况下，唯独 Nissen 旗下的大码女装网络直销店 "Smile Land" 在稳步发展。 2003 年 1 月， "Smile Land" 从商品目录邮购开始起步经营。 它的服装选用身材肥胖的女性作为模特，得到了此类体型女性的青睐。 但是，这些为肥胖而苦恼的女性仍然希望能亲手挑选商品。 于是，Nissen 将公司的发展押在了开实体店上。 公司首先整顿和完善 "Smile Land" 的品牌战略，并于 2009 年 10 月开设了它在流行服饰领域的第一家实体店，迈出了关键性的一步。 由于在实体店的运营方面毫无经验，Nissen 从外部引进了专业人才，致力于为肥胖女性构筑起一个轻松、舒适的购物空间。 Nissen 在日本关西的第一家门店营业一年就已实现赢利，为总公司 2009 年 12 月期的利润增长作出了贡献。 Nissen 希望，在不远的将来再新开 10～20 家实体店。

日本兵库县的 JR 尼崎站与大型百货大楼"COCOE"直接连通。Nissen 开设的第一家大码女装自选商店"Smile Land COCOE 尼崎店",就位于这幢百货大楼的三楼。宽敞的店面,挑高的天花板,对身材肥胖的顾客来说活动起来非常方便,没有一丝压抑感。

这里的试衣间是普通门店试衣间的三倍大,每个试衣间里都放了一台冷风扇和一面可以使人看起来更加细长的"魔法镜"。即使是盛夏,顾客也可以在凉爽的试衣间里尽情地试穿,完全不用担心会大汗淋漓。

但是最关键的是,在其他店铺几乎找不到的 10L 码的女装,这里却一应俱全,而且这些服装款式新颖好看,颠覆了以往人们对大码女装"土里土气"的印象,这也吸引了众多身材肥胖的女性的目光。

在这家店里还有一些独特的商品,例如为了配合这家实体店的开业,Nissen 专门向一些著名的服装品牌下订单,为"Smile Land"特别生产了大码女装产品。原本,这些名牌产品的尺寸标识各不相同。但"Smile Land"的肥胖店员会先试穿不同品牌的产品,然后按照"Smile Land"的自己尺寸标准在衣架上加以明示。因此,顾客选择尺码变得尤为简单。

从前,这些大码服装都只能在网上购买或者是通过商品目录邮购,而如今能在实体店亲身试穿,并了解衣服的材质和款式细节等,令顾客能够更加放心地购买。有些顾客甚至从三重县、歌山县、冈山县等地搭车赶到这家位于兵库县的实体店来购物。

2009年10月14日,试营业的第一天,店内挤满了购物的女性顾客,门庭若市。开店仅一小时,等待结账的顾客队伍竟已经从最里面的收银台排到了门口。这些女性顾客手里拿着大码的衬衫、裤子和裙子,有人为了买到自己心仪的衣服甚至排了一个半小时的队,足见这家店受欢迎的程度。

"人·物·器"一应俱全,深受女性顾客青睐

开店当天,尼崎店就完成了公司制定的月销售目标的一半。"Smile Land"店内的客流量丝毫不亚于隔壁刚刚入驻COCOE百货的优衣库,让相关工作人员颇为吃惊。这个消息很快在服装界流传开来,接连几天都有同行业的"侦查员"来店里一探究竟,其他百货公司的入驻邀请也纷至沓来。

Nissen原本的设想是这家店在开店后两年可以实现赢利。不过自开店以来,店里的客流量和营业额一直保持在开店当天的水平。2010年10月,开店一周年之际,这家实体店就已赢利,这比预想的提早了整整一年。

实体店的负责人、Style Smile部门店开发小组经理岩濑三欣分析道:"单单具备物(大尺码女装),是不能吸引如此多的顾客的。如果店内没有顾客所喜爱的人(店员)和空间(器),这家店就不会得到顾客的青睐。"实体店的成功在很大程度上得益于

"人、物、器"这三大要素共同发挥作用,引起了肥胖女性的共鸣。

其中可称为原动力的,是体型与顾客相近的店员同顾客之间的沟通。永木寻子店长满脸笑容地说道:"因为我们的店员与顾客拥有类似的体型,所以对身材方面的苦恼可以说是感同身受,有些顾客甚至会向我们的店员倾诉恋爱中的烦恼。"

史无前例才值得挑战

岩濑正式进入 Nissen 工作是在 2008 年的 10 月。"Smile Land"品牌在 2003 年 1 月就已诞生,主营邮购业务,截至 2007 年,公司都发展得很顺利,赢利状况较好。但是 Nissen 认为,今后的竞争将越来越激烈,于是决定先发制人,计划于 2008 年春天开设实体店,并向岩濑发出了邀请。

Style Smile 部的部长羽渊淳从"Smile Land"创立之初就一直在这个部门,他坦言作为电子商务运营商,Nissen 在实体店的运营方面毫无经验。虽说 Nissen 开设过主营和服的实体店铺,但在流行服装方面,并无经验可言。此次开设实体店的筹备时间不到一年,负责门店开设和运营的人才也都是从公司外部引进的。2008 年的初夏,猎头公司向 Nissen 推荐了岩濑。

岩濑与羽渊初次见面时,对 Nissen 的情况还一无所知。但当他听说 Nissen 的计划是开设一家专门销售特大码女装的门店时,岩濑心动了。他表示,想挑战这一前所未有的项目。

岩濑曾作为采购员任职于服装生产商 ABAHOUSE INTERNATIONAL 公司①,之后自立门户。单干的 4 年时间里,岩濑帮助体育用品品牌"le coq(法国公鸡)"以及日本知名背包品牌"master-piece"(MSPC)等进行品牌提升,相关工作经验丰富。肩负着将"Smile Land"打造成 Nissen 的中坚力量这一重任,羽渊期望,岩濑能够作为公司的一员,与自己一同描绘 Nissen 的发展蓝图。

其实,Nissen 在决定开设"Smile Land"实体店之时,正处于经营危机之中。2007 年 12 月期的决算显示,Nissen 控股的赤字已达 20 亿日元。当时开始从事实体店运营的 Nissen 公司已经开始实施削减商品目录邮购业务方面的经费等措施。

但是光是削减经费并不能促进公司的发展,看准尚有利润可求的领域时,仍然有必要将资金投入到那些值得投资的项目中去。在价格战愈演愈烈的服装界,"Smile Land"有望在这片尚未开发的领域中取得较高的市场占有率和顾客忠诚度,因此经营层对其寄予厚望,认为它是为数不多的成长性很强的项目。正因如此,这次实体店的项目只许成功不许失败,羽渊也拼上了全力。

---

① 日本第五大服装集团,旗下拥有众多品牌。——编者注

以客户数据说服服装生产商

对于普通的服装企业来说,开设大码服装专卖店是有很大风险的。因为即使在门店附近分发宣传单,也不一定就能遇到肥胖女性,毕竟这类人的数量仍然比较少。也就是说如果客流量得不到保证,就很难实现收支平衡。

但在这一点上 Nissen 却胜券在握。Nissen 将通过邮购来购买"Smile Land"的顾客亲切地称为"Miss Smile"。羽渕透露截至 2008 年,"Smile Land"主营的邮购业务已经发展了 6 年之久,Nissen 非常清楚哪些地区有"Miss Smile"。

Nissen 最大的筹码便是掌握了"Smile Land"的客户信息,因此无需再去花经费做市场调查,有利于资本的快速回收。另外,Nissen 可以快速直接地将宣传信息发送到顾客手里,效率也比一般方法要高出许多。也正因如此,Nissen 才能在实体店上获得成功。

客户信息数据库可以精确定位客户的所在地,这一点也引起了岩濑的极大兴趣。他表示:"当羽渕向我说明'Smile Land'拥有如此规模的商圈时,我看到了前所未有的商机。"2008 年年末至 2009 年年初,岩濑入职后做的第一件事——实体店选址的过程中,客户信息数据库就发挥了重大作用。

"Smile Land"的第一家实体店选在尼崎,而第二家门店则开在仙台,正是因为当初在选址时利用数据库分析了"Miss Smile"的分布情况,才"最终选定了这两个风格迥异的区域"。1号店尼崎店位于"Miss Smile"顾客分布人数最多的商圈,而仙台店商圈内的顾客单人消费金额是最高的。但是因仙台店位于人口稀少的日本东北地区,消费者人数并不多。因此门店开业一年后,仙台店还是偶尔会出现亏损状况。

2009年春天,羽渕和岩濑才最终选定了上述两个店址,但接下来他们还得继续筹备10月份门店开张的事。此时,离门店开业只有七八个月的时间了,他们不得不马不停蹄地赶进度。

刚入职时,岩濑对该项目并不抱太大期望,他认为"大码女装说到底也只是女装而已"。但是不久,他就意识到自己想法的片面性。他依托自身的人脉关系,奔走于各家服装厂,与厂商商谈大码女装生产的相关事宜。但现实是残酷的,他跑了近百家工厂,遭到了其中几十家工厂的冷眼相待,只有7家厂商在看过Nissen的客户数据库资料后表明了合作意向。

肥胖身材的营业员引起顾客的共鸣

比起大码女装的生产,更让岩濑烦恼的是如何招聘到足够的店员。从业多年来,岩濑已经打造出了多家人气店铺,通过这些经验,他认为,促使顾客再次来店购物的关键因素是能引起消费者共鸣的"人、物、器",三者缺一不可。遵循这一成功守则,岩濑希望"Smile Land"的营业员身材要与顾客相近,这样才能引起顾客的共鸣。但是招聘工作的进展却不尽人意。

岩濑从 2009 年夏天开始招聘工作,但咨询人才中介公司后他发现,前来面试的有服装行业相关经验的应聘者,无一例外都是身材苗条的女性。于是岩濑只好亲自走上街头寻找肥胖女性,并在邮购网站上登载了招聘广告,还亲自面试每一个应聘者。此时,岩濑已经顾不上应聘者是否有服装行业的工作经验了,只要是笑容自然、亲切的肥胖女性,就二话不说录用了。

岩濑表示:"其他都可以让步,唯有营业员的身材必须与'Miss Smile'的身材相近这一点,绝不能让步!"因为曾经有"Miss Smile"说过:"看到和自己身材相近的营业员,我自然就会觉得亲切,营业员身上穿的衣服也会显得格外好看。"所以最终录用的 6 名店员中,除了永木店长外,其余 5 人都是身材肥胖,而且没有服装行业工作经验的新手。

店铺的空间设计方面也和招聘过程一样,特别花了一番功夫。在这个案例的开头部分我们就已经介绍过第一家实体店宽敞的过道、挑高的天花板以及大而凉爽的试衣间,这些都是普通的门店所不具备的。"Miss Smile"们表示,普通的店铺格局让身形肥胖的消费者觉得不舒适,为了解决这个问题,岩濑决定将门店打造成"Miss Smile"的乐园。

在忙于新店开业准备的同时,岩濑还积极与"Miss Smile"沟通,突然发现顾客们口中常常说起一个词——"反正"。他意识到,这类客户中的大多数人都已经放弃把购物当成一种乐趣了。岩濑坚信,自己的这家店能改变她们这种消极的想法,购物对她们来说也可以成为一种享受。于是岩濑认为,与其培训营业员如何在店铺内工作,不如让她们多花一些时间与顾客交谈。这是为了使顾客感受到店内轻松、愉快的购物氛围。

开店时间临近,能做的都做了,但是岩濑吐露当时的不安:"我一直很担心,开业当天是否会有消费者光顾。我还是第一次如此紧张地等待新店开张。"也正因如此,当看到开业当天门店内热火朝天的场面时,岩濑喜形于色。

门店成为顾客能吐露不满的地方

不过,这仅仅是一个开始。如果只想如愿度过开店第一天,那么"Smile Land"有详细的客户数据库资料,招揽顾客并非难事。然而开业后,店铺真正意义上的价值便存在于商品之中。是否能够增加回头客,关键还是在于商品能否得到"Miss Smile"的青睐。

"Smile Land"销售的衣服尺码从 L 到 10L,应有尽有,但是对肥胖的顾客而言,每一种尺码的舒适度是不同的。岩濑表示:"我们也不能完全了解尺码与顾客体型的关系,所以商品上架后,我们会倾听她们的声音,不断改进。"

例如,很多顾客曾私下向"Smile Land"的营业员倾诉过一个极为隐私的烦恼,她们都遇到过裤子胯股内侧破裂问题。人在走路时,大腿间的裤子胯股部位相互摩擦,尤其是一些斜纹面料,比较容易磨破。这一问题在肥胖人群中非常常见。于是Nissen推出了新款商品,在裤子的胯股部位加上一层衬布。

但是刚开始,这层衬布本身就容易磨破,引起了消费者的不满。这层衬布究竟该用何种面料、厚度、长度以及大小又该如何选择,这些关乎消费者穿着舒适度的问题自然不能草率决定。营业员以自身的实际体会与顾客沟通,并将顾客的需求告知岩濑。凭借这些宝贵的信息,工作人员得以不断改良这款商品。终于,"不易磨破系列"裤子成为"Smile Land"店里最受消费者喜爱的人气商品,顾客的回头购买率持续走高。

在门店开始正式营业后,工作人员的成长不仅是在商品生产和销售方面。照店里唯一有服装行业工作经验的永木的说法是,"为消费者提供服务的过程中有不断的惊喜"。

前来"Smile Land"购物的消费者往往不习惯于逛街购物,不了解适合自己的尺码,因此常常可以见到一些顾客穿着不合身的衣服。虽然"Smile Land"为她们提供了宽敞舒适的试衣间,但仍然有消费者害怕试穿衣服。有些女性坦言,她们曾经遇到试穿的衣服脱不下来、卡在试衣间的门口出不来等可怕的情况,因此她们中大多数的人都选择网上购物,或者穿着男士服装。

熟知这些消费者的心理特征后,永木店长为了使她们在店里能享受轻松的购物氛围,做了极大的努力。有趣的是,一旦消除了心理障碍,消费者们便变得积极起来。这是她们长久以来第一次尽情享受到购物的快乐,这也增强了她们的购物欲望。

她们为找到适合自己的衣服而兴奋不已,有时甚至一次试穿 10 多件衣服,每一款都愿意尝试。从购买衣服件数与试穿衣服件数的比例来说,"Smile Land"是低于其他普通服装店的,可是"Smile Land"的消费者在店铺里挑选的时间是普通门店的好几倍,消费者来店的购买率也大大超过其他店铺。许多消费者只要挑中喜欢的衣服便立即以标价购买,绝不犹豫。

"Smile Land"尼崎店开店仅一年时间,经营便渐入佳境。Nissen 董事长佐村信哉对羽渊下了一道指令:"务必加快积累实体店铺运营的实际经验。"佐村董事长的目的在于凭借两家实体店的经营经验提高成功的概率,并在全国范围内开设 20 家左右的分店。而且"Smile Land"开设实体店之后,并没有给自身的邮购业务带来不良的影响,反而带动了邮购业务的销售额,实现了共赢。

TSUTAYA ONLINE

发展网络租赁配送服务的 "蓝信封"

项目概要

在日本信息技术产业泡沫破灭之后的 2002 年年末，将网络与实体相结合的 DVD 租赁配送服务应运而生——这便是 TSUTAYA DISCAS。 顾客能在网站上预约想要看的 DVD，并享受网站提供的送货上门服务。 这项新服务是由经营面向租赁店借出影像母带业务的 RENTRAK JAPAN 开发的。 之后，这家公司被日本国内最大的 DVD 租赁公司 TSUTAYA 收入旗下，并冠以 TSUTAYA 的品牌，知名度大大提高。

TSUTAYA 的服务宗旨是深入了解顾客需求，倾听顾客对定额会费制的意见，不断开发出新的附加服务，实现增收。 另一方面，为了在成本竞争中取胜，它也不断改进运作模式，成立了大型配送中心，确保 250 万件商品的储存配送，实现了将顾客归还的商品当天租借给下一位顾客，以提高商品的周转率。

"太好了,收到了!"

住在东京市区的小学三年级学生 A 每天放学回家必做的一件事便是查看信箱中是否有 TSUTAYA DISCAS 寄来的蓝色信封,这里面装有他想看的 DVD。DISCAS 是 TSUTAYA ONLINE 为消费者提供的在网上租赁 DVD、CD,并送货上门的服务。消费者每个月只需支付 1947 日元,当月便能享受 8 次此项服务。小 A 的妈妈在网上按照自己想看的顺序列了一个"预约清单"后,网站系统便自动将头两张 DVD 寄送到指定的地址。看完以后,他们只需将这两张 DVD 邮寄回网站,网站便会寄出接下来的两张。

小 A 居住的小区附近没有 DVD 租赁店,最近多亏了 DISCAS 服务,让他们一家在周末晚上聚在一起看电影或电视连续剧的机会多了起来。看完以后只要按时把 DVD 或 CD 寄回网站即可,也不用担心会产生滞纳金。今天小 A 拿到的蓝色信封里装的是前段时间大受欢迎的一部电视连续剧的最后一集,小 A 心里一边盘算着"得快点完成作业",一边急急忙忙地往家里跑。

在急速扩张的市场中占据首位

截至 2008 年 10 月末,TSUTAYA DISCAS 的会员已达 55 万人,仅一年时间就增加了约 20 万人。虽然与 TSUTAYA

ONLINE 注册会员中使用电子优惠券和网购的 160 万人相比要少得多,但是 TSUTAYA DISCAS 所拥有的是每月缴纳定额会费的优质客户源。相比实体店会员 20～25 岁的年龄层,DISCAS 网络用户的年龄则有 70% 超过了 30 岁。因为这一年龄层的消费者往往忙于工作和家庭,没有闲暇时间去实体店租赁 DVD 等。

当然,DISCAS 迅速成长的背后,也有网络租赁市场不断扩大这一因素的影响。网络租赁市场最初是由 DISCAS 和 LIVEDOOR(当时名为 On The Edge)的子公司 POSREN 等企业在 2002 年开辟出来的。到了 2007 年,乐天也进入该领域,POSREN 更是与雅虎联手抢占市场。2008 年,GEO 公司收购了 POSREN,正式涉足网络租赁领域。

市场在扩大,企业间的竞争也愈加激烈。在这样的环境下,DISCAS 的会员人数之所以能够一直居于首位,关键就在于它有自己独特的采购系统。要购买种类齐全的 DVD,势必要投入大量的资金。"但是,TSUTAYA 集团并不一一买进这些 DVD,而是从厂商手中直接租赁影像母带,根据租赁次数付费给厂商。这种商业模式被称为'PPT(Pay Per Transaction)'。这既降低了采购的风险,又丰富了 DVD 的种类。"TSUTAYA ONLINE 的执行董事兼 TSUTAYA DISCAS 事业部部长根本浩史如是说。

DISCAS 的优势并不局限于此。从会员人数只有 10 人的初期开始,DISCAS 就极为重视消费者的反馈信息,以不断提高服务质量。为了将 250 多万件商品安全送至全国的顾客手中，DISCAS 的物流中心设计出了周密的配送方案，力图降低成本。这些努力的积累，使得 DISCAS 能够在激烈的竞争环境中占据有利地位。

价格战全面爆发

DISCAS 最初是作为面向租赁店借出影像母带的 RENTRAK JAPAN 的业务之一起步的。在信息技术产业泡沫最为严重的 2000 年，根本部长尚在 RENTRAK JAPAN 策划光纤影像信息传输服务的项目，但是因为得不到电影公司的支持，该项目一直没能获得合适的内容。正在那时，他得知美国一家从事在线影片租赁配送服务的公司 Netflix(奈飞公司)已经上市了。根本部长的上司，同时也是后来 TSUTAYA ONLINE 公司的社长山地浩，对这个消息表现出了浓厚的兴趣。"与影像信息传输相比，DVD 的内容更加丰富，电视机也能播放。DVD 租赁项目可以作为影像信息传输项目成熟之前的一个过渡时期的商业模式，但是，这一过渡期很可能会长久持续下去。"

于是，DISCAS 项目应运而生。最初负责这一项目的成员包括根本在内只有 3 个人。在最初的两年里，DISCAS 的业务一直处于停滞期，会员人数徘徊在 2 万～3 万人之间。因为当时人们生活中常用的还是录像带。DVD 母带很少，而且大多数家庭仍然使用录像机。DISCAS 主营的是 DVD 租赁配送业务,却不涉及当时被广泛使用的录像带。于是,成员们只能等待 DVD 的普及。

2003 年,根本遇到了他所说的"最大危机"——价格战。在开展 DISCAS 业务的几乎同一时期,POSREN 等 3 家公司也开展了租赁配送业务,会员每月所需缴纳的会费都在 3000 日元左右。但是一年以后,其中一家公司毅然将会费降低到每月 1000日元。

为了不被市场淘汰,DISCAS 能做的只有紧跟降价的脚步。可是赤字进一步严重的话,这个项目很可能就会被中止。此前,DISCAS 收取的会费为每月 2980 日元,没有租赁次数限制。价格战开始后,DISCAS 将会费降低到 1000 日元,但是每月最多只能租 8 张 DVD。根本回忆起当时的状况,说道:"会员每月平均租赁张数为 6 张,所以我们认为,即使设置了 8 张这个限制,对大部分会员也不会造成太大的影响。而对于那些需求量较大的会员,我们准备了高会费套餐。这么做,都是为了让这个项目能够生存下去。"会费改革能否被消费者所接受呢?只有赌一把了。事实证明,根本的判断是正确的。在这场价格战中,有些商家因不堪重负而停止了这项服务,而 DISCAS 不但坚持住了,还获得了一定的发展空间。

倾听消费者需求，推出新服务

2004 年 10 月,随着 TSUTAYA 集团兼并了 RENTRAK,
DISCAS 更名为 TSUTAYA DISCAS。随着 DVD 的逐步推广,
DISCAS 也依托 TSUTAYA 这一大品牌,加上我们后文会提到
的消费者应对措施的改进及物流基础设施的完备,2004 年度,
TSUTAYA DISCAS 项目终于扭亏为盈。它又趁势追击,在电
视上播放广告,加快招揽会员的步伐。

可是,如果不能维持老会员人数的稳定,那么即使赢得了新
会员也是无济于事的。这就需要建立一个机制,能够积极地了
解会员的需求,积极应对他们的投诉,满足他们的愿望。
TSUTAYA DISCAS 不断完善自身的客户服务体系,这也成为
TSUTAYA DISCAS 最终获得成功的关键因素之一。
TSUTAYA DISCAS 将会员们通过电子邮件发送来的意见和建
议按照库存、服务质量等进行分类,并与相应部门开会讨论。对
于退会的会员,TSUTAYA DISCAS 会听取原因,并反馈给相应
部门。负责以上体制构架的是客户服务部的总监小野大作。

2004 年 11 月,小野大作被分配到客户服务部工作,当时,
他还只是个劳务派遣员工。他说:"因为我对这份工作十分感兴
趣,于是经过一再申请,终于成为了正式员工。"小野感兴趣的
是,他可以以会员的意见和建议为切入点,开发出能促进营业额

增长的新服务。其中最典型的新服务便是"单张租赁"和"汇总租赁"。

当时会员反映最多的问题便是一次只能租赁两张光盘。许多消费者反映:"看完的两张寄回了,可是接下来的两张还没寄来,这段时间就没有东西可看了。难道不能一张一张地租吗?"可是,单张邮寄会增加快递费用的开销,影响利润率。另一方面,也有会员称:"休息日的时候想一次多借几张光盘。"面对这些消费者的强烈呼吁,TSUTAYA DISCAS 终于开发了"单张租赁"和一次最多可借 16 张光盘的"汇总租赁"业务。消费者只需另行支付相应的费用,便能享受这两项服务。特别是得益于当时国外电视剧引起的收视狂潮,2007 年 11 月正式推出"汇总租赁"后,它的业务量超过了预期的 5 成以上,为 TSUTAYA DISCAS 项目的发展作出了巨大贡献。

返还当天便可再次借出

除了推出上述新服务外,TSUTAYA DISCAS 还在降低成本方面下工夫,力求提高利润率。由于 TSUTAYA DISCAS 用快递寄送 DVD,而且没有规定归还期限,因此库存的流通率和运转率相较实体店要低得多。为了减轻这些不利因素的影响,提高商品的流通率,TSUTAYA DISCAS 在日本东部和西部分别设立了一个配送中心。

上午 9 点,埼玉县三芳町负责 TSUTAYA DISCAS 物流配送业务的学研物流中心堆满了从日本各地寄还的 DVD,160 名工作人员在检查光盘无破损之后,便扫描条形码进行归还登记。这样,系统上就会显示商品已归还,并与当天的预约数据进行对比,当该商品被预约时,系统就会打印出寄送用的标签,上面有会员的地址、姓名以及该光盘的编号。

返还的 DVD 会被转移至二楼的仓库,等待下一轮租赁。很多 DVD 在归还的当天就被寄送给另一位有需要的会员。这是为了提高 DVD 的周转率,尽早寄送到会员手中。

二楼仓库的整面墙都摆放着 DVD 架,这里存放着 150 万张光盘,这一数字是一般实体店的 15 倍。加上大阪物流中心存放的 100 万张,TSUTAYA DISCAS 的光盘库存量多达 250 多万张。与实体店分门别类的摆放不同,物流中心的仓库中并不区分"日本电影"、"国外电影"、"电视剧"等类别,而是随机摆放。归还的 DVD 要摆放到 DVD 架的哪个位置,是由系统决定的,寄送用的标签上会显示这些信息。工作人员按照标签信息在仓库中寻找目标物,然后装入蓝色的信封,贴上标签等待寄送。每天傍晚 6 点左右,数万张 DVD 在这里发货,通过日本邮政的快递网络,送至全国各地的会员手中。

2007 年秋,负责客户服务的小野开始兼任物流战略小组的负责人。2008 年 10 月,他改革了物流配送方式,统一通过日本邮政完成返还和配送任务。在这之前,TSUTAYA DISCAS 的寄送通过快递公司,而返还选择的是日本邮政公社的服务。新措施是为了降低成本。这一措施的关键在于"邮票"。此前,TSUTAYA DISCAS 会在寄送 DVD 时附上返还时用的信封,并手工贴上邮票,而返还和寄送全权交由日本邮政公社处理后,费用变为定期结算。如此一来,快递的成本降低了,贴邮票的时间也节省下来了。小野表示:"虽说现在每寄送 1 张光盘只节约了不到 1 日元的成本,可是积少成多,这对总体收益的影响是相当大的。"

　　TSUTAYA DISCAS 将物流管理外包给了学研物流公司。该公司的营业部科长吉池隆在 TSUTAYA DISCAS 创立之初就了解了不少有关 TSUTAYA DISCAS 的新闻,毛遂自荐希望承包 TSUTAYA DISCAS 的物流管理业务,自那以后一直是 TSUTAYA DISCAS 的合作伙伴。吉池隆说:"作为物流业界的一分子,我希望能够通过信息技术手段提高工作效率,也期待着小野先生他们在人员和系统成本方面有所突破。"

　　吉池隆表示,学研物流公司希望今后能和 TSUTAYA 在实体店铺业务方面的合作更加深入。如今,TSUTAYA 的实体店里已经有了 DISCAS 的宣传介绍,而在 DISCAS 的网页上也会实时更新 TSUTAYA 实体店的库存信息,两者互惠互利、共同发展。除此之外,TSUTAYA 的影像信号传输业务也在慢慢起步。根本部长说:"我们正在建立和完善系统。将来,消费者只要拥有一个 ID,就可以根据不同的需求,选择店铺、DISCAS 或是影像信息传输等方式。”

他还说:“有消费者给我们发来邮件说‘下班后拖着疲惫的身体回到家里,在打开信箱看到 TSUTAYA DISCAS 的蓝色信封时,一种放松感油然而生。’由此,我真切地感受到 TSUTAYA DISCAS 通过一个小小的信封为大家的生活带去了幸福感。”这也使得 TSUTAYA DISCAS 的员工重新认识到了“信封”这一沟通工具的价值。所以,TSUTAYA DISCAS 将顺着这条线,继续努力,提供更好的服务。

第四章

『基层』的力量

KING JIM

"闲人"掀起"电子记事本"热潮，

抢占利基市场

项目概要

2008 年 11 月，老牌文具生产商 KING JIM（锦宫株式会社）推出了新型电子记事本"Pomera"。一经推出，这款产品便被抢购一空。在新品推出的第一年里，该产品的总销量高达 10 万台。近年来，KING JIM 的营业额增长缓慢，而"Pomera"可以说是使 KING JIM 起死回生的畅销商品。由于文件夹、便签贴等传统文具的市场已经相当成熟，仅凭借这些商品，很难实现营业额的增长。而此次拯救 KING JIM 于水火的"Pomera"，是一种非常简单、专门用于备忘的机器。

当今市场上，产品往往趋于多功能化，但"Pomera"的开发案例却恰恰反其道而行之。策划该产品的是一位自称"社内闲人"基层员工。尽管在董事会上仅有一人对"Pomera"策划案表示认可，但公司的社长一贯认为"会议上通过率超过九成的商品都会不受欢迎"，于是毫不犹豫地批准了这一策划案的实施。就这样，这家以"开发别出心裁的产品，创造新型文化"为经营理念的企业，在消费欲望低迷的环境中，挖掘到了利基市场①。

---

① 利基市场，指那些被市场中占绝对优势的企业忽略的细分市场。——编者注

2008 年 10 月 21 日,KING JIM 宣传部部长田边贤一结束了电子记事本"Pomera"的发布会,与开发部的同事们围坐在中式餐厅的圆桌前刚松了一口气,公司的其他同事已经在电话里告知了他"征兆"。他打开随身携带的笔记本电脑,关注着网上的论坛。网友们对刚发布的新产品"Pomera"的评价、意见陆续出现在这里。

"Pomera"是"Pocket Memory Writer"的简称。这是一种专门用于文字输入的电子文具,形状类似笔记本电脑或电子词典,但是只有"记事"一种功能。不同于纸质的记事本,"Pomera"的记事便签是一种电子数据。它的体积较小,因此即使在会议上或是公交车里使用也不显眼,是一款适合日程安排较多、经常出差的人使用的"电子化记事本"。

"Pomera"拥有折叠式的滑动键盘,收纳后的尺寸相当于一本口袋书的大小。按键大小与笔记本电脑相差无几,但重量却轻了一半。它采用了日本软件公司 Just Systems 的 ATOK 日语输入法,可以实现大多数笔记本电脑使用者常用的输入法转换。它只需两节 7 号电池,就能连续工作 20 个小时。为了追求小巧轻便和打字手感,开发者将多余的功能都取消了。记事本的文字大小有三种选择,因主攻"记事"这一功能,开发者认为文字颜色无关紧要,因此屏幕为黑白液晶屏;也没有日程管理或通信等功能。在手机、电子词典都趋向于多功能化的今天,"Pomera"的构想却是反其道而行之,以"减法"为根本。

不具备通信功能的"Pomera"竟然在网络上引起了如此强烈的反响,这是谁也没想到的。也难怪当初田边惊讶于网络用户反应之快。"Pomera"类似于已经销声匿迹了的打字机,曾经摒弃打字机的电脑使用者们,如今却对这款产品大加赞赏。对这一新产品充满期待的网友和在发布会上体验过实物的网站记者们纷纷分享各自的感想。紧接着,销售网站以及家电销售商的订单预约也蜂拥而至。在 2008 年 11 月 10 日产品发售当日,"Pomera"就陷入疯抢的状态,几乎断货。

KING JIM 最初制定的年销售目标为 3 万台,但实际的销售量却达到了将近 10 万台。当初公司内部只有一小部分员工认为"Pomera"会掀起一阵销售狂潮,但事实证明,继文件夹、标签打印机"TEPRA"之后,这款产品即将成为 KING JIM 的第三大支柱商品。

当年的畅销产品开发者成为研发领导

"最近市场上的商品都太没有新意了!"

2007 年 6 月,就任开发部部长时,KING JIM 董事会常任董事横田英人发出了这样的感慨。

当时,电子文具的销量占 KING JIM 总销量的一半以上,而"TEPRA"则是电子文具主力产品。所以彼时市场上销售的是各种规格、不同价格区间的标签打印机,商品类型千篇一律,没有新意。

在 KING JIM，文件夹等普通文具和电子文具这两个种类，一直是由不同的董事分别负责的，但常任董事横田上任后同时担起了这两个部门的重任。横田长期负责普通文具的开发，但他其实也是 20 年前"TEPRA"开发小组的成员之一。如今，公司年轻一辈久久未能提出别出心裁的商品策划案，于是横田决定亲自出马了。

其实，横田自己也感到几分不安。因为他就任公司董事的时候，曾经向董事长宫本彰表态，"要开发出继'TEPRA'之后新一代的主力产品"，但是结果事与愿违。文件夹和标签打印机的市场已经发展得相当成熟，虽说在这两个市场上 KING JIM 抢占到了最大的份额，但是如果不能开辟出新的市场，今后的 KING JIM 将很难再有长足的发展。2009 年 6 月期的共同结算显示，企业营业总额为 298 亿日元，同比下降了 1.2%。可以说，这一时期 KING JIM 的发展处于停滞期。

横田即将就任 KING JIM 开发总部部长的消息传开之后，公司的一位基层员工，后来"Pomera"开发小组的核心成员、电子文具开发部开发科科长立石幸士，顿时按捺不住兴奋之情。他觉得，横田是个喜欢创造性构思的人，因此一定会给予自己支持。当天，立石便带着自己酝酿已久的企划书——里面包含了20 多个构思——出现在了横田的面前。

立石自称曾经是公司的"闲人"。因为他曾有一段时间无所事事,靠浏览网页打发上班时间。公司信息系统部还曾通过他的上司提醒他,不要在上班时间浏览与工作无关的信息。

2006 年,立石迎来了他人生中的转折点。那一年,他为了开发考勤管理系统,在中国的合作工厂工作了几个月的时间。在这段时间里,他曾被一起工作的技术顾问劈头盖脸地责骂过,也曾在系统上市前的一个月突然发现存在漏洞,慌忙修补。在这次艰难的工作中,立石作为"点子大王"为大家所称赞,但是他也被指出缺乏将创意付诸实践的行动力和积极性。从那以后,立石发生了 180 度的转变,从"闲人"转变成行动派了。

虽说此前立石和横田曾因某些商品的开发而一起工作过,但基层员工突然向常务董事递交企划书,是从未有过的事。但是,KING JIM 的企业文化允许这样的事发生。宫本董事长制定的行为准则中有如下一条:确保一个开放、活跃的工作环境,使工作人员能够积极提出意见和建议,充分发挥他们的能力。立石说:"无论我在会议上提出多么奇怪的想法,即使被他人取笑,却绝不会被否定。"

立石提交给横田的企划书中有一个名为"迅速记事本"的创意引起了横田的兴趣,它就是"Pomera"的前身,以"迅速记录要点"而得名。当时,立石正在考虑打造一系列商务备忘产品,"迅速记事本"正是其中一项。

但是横田认为,即使不推出系列产品,单凭"迅速记事本"的力量也足以吸引消费者。于是他提议,将"迅速记事本"单独立项,以求做到精益求精。立石还向开发科的同事和主管汇报了这个情况,并征求他们的意见。虽说立石的策划案在同事中没有得到很高的评价,但是 2007 年 12 月,他和同事们终于获得了在董事会上向 15 名董事汇报情况的机会。

会议上,立石的上司将商品理念和产品设计图一同分发给了与会人员,并进行了说明。但是正如他们所担心的那样,董事们的反应一般。因为在这个电子产品都趋向于多功能化的信息时代,"迅速记事本"可以说是一个反其道而行之的简单产品。该如何评价这一产品呢,大家都迷茫了。

打破这一尴尬气氛的是担任公司社外董事的庆应义塾大学印南一路教授。他热情地称赞道:"这款产品很有意思,标价会是多少?无论多贵我都想买!"但是直至会议结束,对"迅速记事本"表示赞赏的也仅有他一人。看到这个结果后,宫本董事长随即作出了一个令人感到意外的决定,批准开发该项目。

宫本是这样解释的:"在采取少数服从多数的表决方法时,与 9 成以上的人评价为'嗯,还行吧'的商品相比,还不如选择只有 1 成的人强烈支持的商品。即使是少数,只要得到消费者强烈的喜爱,就能被列入消费者的购买清单的最前面。"虽然赞成者也是会议的参加者,但是只要有这么一个人对该产品表示极大的赞赏,就说明这个利基市场有可挖掘的价值。

另外宫本还认为,正是这种只被一小部分人非常看好的商品才值得开发。如果是 15 名董事一致认可的商品,反而有风险。因为需求量大的市场,势必会有大公司参与竞争。

KING JIM 先于其他同行发现了这个利基市场,并投入了大量资源,以逸待劳,迎击后起之秀。这家企业在活页文件夹市场同国誉(KOKUYO)、普乐土(PLUS)等品牌竞争激烈,在标签打印机市场同兄弟工业公司、卡西欧计算机株式会社等大企业也进行着长期的竞争,并一直居于首位。在面对这些多样化经营的大型公司时,KING JIM 发展成为以这两种商品为特色的生产商。这是一种"弱者的战略",因为它没有巨额的研发资金,也没有强大的营销团队。

在这样一个背景之下,以立石为中心的"Pomera"开发项目于 2007 年 12 月正式启动。公司的设计、生产等部门的员工都参与了进来,致力于实现立石所提出的"电子化记事本"概念。

如果为"Pomera"增加很多其他的功能,那么它最终只能成为一台小型笔记本电脑或者掌上电脑。如此一来,它根本无法与大型电器生产商相抗衡。为了生产出功能单一却拥有独特魅力的商品,文具制造商必须具备独到的设计理念。担纲"Pomera"设计的是开发总部商品企划部设计科科长户田利。

户田可谓是 KING JIM 的首席设计师。1993 年他刚进入这家公司之时,曾受命研究 KING JIM 以往的商品,以弄清 KING JIM 的设计理念。但户田以往了解到的只是普通的文具,因为 KING JIM 历来将电子文具的设计委托给外部设计师。但就在"Pomera"开发项目启动的几个月前,横田改变了这种分工模式。他提出新的方针,即让公司内部的设计师也负责电子文具的设计工作。如此一来,户田得以加入"Pomera"的开发项目。

户田在外观设计的各个方面加入了 KING JIM 的独特元素和文具的感觉。"Pomera"外壳上充满光泽的 UV 涂层是公司生产的名片盒上使用过的。由于立石要求这款产品要有全新的外观效果,不能看起来像个电子词典,于是户田将原本位于盖子中间的 LOGO 去掉了,机体的颜色也没有使用常见的银色,而是采用了该公司的畅销文件夹所采用的橙色。户田表示:"按照文具的设计理念来设计此类信息工具,让我觉得得心应手。"

比小型笔记本电脑更轻便

户田负责在设计方面让"Pomera"与其他类似产品产生差异化,而在质量和生产方面,则由立石和电子文具开发部开发科科长佐久间学发挥主导性作用。

最让研发人员大费周折的是"Pomera"独特的折叠式键盘。他们必须攻克两大难题:经得起数万次的开合并保证产品耐摔。立石还要求团队,必须打造出比最轻的笔记本电脑还要轻便的新产品。研发人员经过多次试验,终于找到了合适的原材料——锌合金,作为"Pomera"的轴。使得轻便性和牢固性得以两全。

从"闲人"转变为令人惊讶的行动派后,立石却又有了一个坏习惯——无论什么事都揽过来自己承担。他不仅参加了与为"Pomera"提供 ATOK 日语输入法的 Just Systems 公司的谈判，还参与讨论软件的可操作性、产品的耐用性和电池的使用寿命、量产后的质量监督等所有软硬件方面的问题。其中仅仅是过渡画面这一个问题，就是一项巨大的工程。虽然"Pomera"的功能简单，但是画面数量还是达到了上百个。随着发售日期的临近，公司内部测试的工作也迫在眉睫。

"你只管想着怎么卖！"

2008 年夏天，"Pomera"开发项目渐入佳境，佐久间斩钉截铁地对立石说："剩下的工作就交给我们吧，你只管想着怎么卖！"对此，立石回忆道："（佐久间）平时是个沉默寡言的人，所以他的这番话让我吓了一跳。"以往，立石都会亲自前往中国监督合作工厂的生产情况，但那之后，立石便将这项工作全权交给佐久间负责，自己则开始和广告部的田边一起负责日本发布会的筹划工作。

佐久间是从某家大型音响生产公司跳槽到 KING JIM 的，所以他能从一个比较客观的角度理解 KING JIM 商品策划的乐趣所在。与分工细致的大型公司不同，KING JIM 中策划出好产品的员工也能参与到产品的设计甚至生产过程当中。但是如果妄图凭借一个人的力量来完成所有这些，那无异于自掘坟墓。

所以,比立石年长 6 岁的佐久间主动承担起生产的相关事宜。

正因为佐久间的辅助,立石得以从容地致力于展现产品的理念,并制作相关的材料。立石认为,"Pomera"若同小型笔记本电脑竞争市场的话,明显让给消费者产生一种"低档"的印象。因此,要设定出精确的用户群体,并向他们宣传"Pomera"的魅力。立石从使用者平时可能阅读的书本、杂志和一些可参考的统计数据中总结出了宣传方法,并将相关资料分发给了相关工作人员。

广告部负责筹划发布会的田边也拿到了第一手的资料。他也曾在电子文具开发部工作过,是立石的前辈。当这次再遇到立石时,立石已成长为另一番样子了。田边将立石推到记者招待会和采访的最前线。因为他认为,只有策划者本人向大家说明企划案的内涵,才最能突出商品的魅力。他说:"要是以前的立石,我是绝对不会让他参与发布会以及采访工作的。"2009 年4 月以前,"Pomera"并没有在电视或者报纸上登载过任何形式的广告,仅靠人们的口头相传,"Pomera"的销售额便不断增长。

展望今后 KING JIM 的发展,立石表示:"我们不仅要掀起第二股热销风暴,还希望能创造出数字化记事本的消费文化。"因为 KING JIM 是一家以"开发别出心裁的产品,创造新型文化,服务社会"为经营理念的公司。过去的"闲人"已经成长为忠诚贯彻公司理念的中坚力量了。

KING JIM 的历史沿革时间表

1927 年	宫本英太郎创立名鉴堂(1961 年更名为 KING JIM)。
1954 年	首次在日本发售管式文件夹。
1988 年	发售标签打印机"TEPRA"。
2001 年	管式文件夹等产品统一为"KING FILE"品牌。 在东京证券交易所上市。
2008 年	电子记事本"Pomera"上市销售。

Ringer Hut

不盲目效仿西式快餐，

宣扬国产蔬菜的美味安全

项目概要

2008 年，长崎杂烩面①连锁店 *Ringer Hut* 陷入了经营危机，其采用的优惠券战略使得销售的利润空间一再遭到压缩。雪上加霜的是，同年 9 月，之前从日本麦当劳公司招聘来的社长离开了 *Ringer Hut*。企业不得不关闭了 50 家亏损店铺，由此导致公司 2009 年 2 月期的决算出现了赤字。

为了摆脱危机，创业家出身的董事长米滨和英重新挑起社长的重任。他在食材采购、杂烩面等主要产品的制作方面进行了改革。他提出新的战略，努力向消费者宣传国产蔬菜的新鲜度和安全性，以提高单人消费额度。

在其他餐饮机构纷纷陷入低价战的泥潭时，*Ringer Hut* 却凭

---

① 长崎杂烩面是一种当地特色料理，据说源于中国福建的焖面。将肉、海鲜、蔬菜等 10 多种食材翻炒后，用高汤调味，然后加入面去煮。这种食物之所以能够在日本全国闻名，与 Ringer Hut 连锁店的开设有很大的关系。——编者注

借这一战略获得了成功。 自 2009 年 12 月起，公司既存门店的营业额与上年度同期相比开始有所上涨。 与此同时，工厂降低成本的措施也开始有了成效。 2010 年 2 月期，*Ringer Hut* 终于获得了 5.21 亿日元的赢利。

2010年4月23日,位于干线道路沿线、距离东名高速静冈入口不远的Ringer Hut静冈互通口店,从中午11点开始就挤满了前来用餐的顾客。一碗热气腾腾的大杂烩被端至坐在离门口不远的一位男性顾客的面前。大海碗里,蔬菜堆得像山一样,离碗口足有7厘米多高,顾客满脸笑容。

这位顾客点是"蔬菜满满大杂烩"。这道菜名副其实,用了7种蔬菜,共计480g。自2009年4月在静冈和鹿儿岛试销售起,这道菜的点餐率就达到两成以上,人气很高。同年10月,Ringer Hut将这道菜推广至全国。两个月后,既存门店的营业额终于由以前的低于去年同比转为高于去年同比,在这一转变中,"蔬菜满满大杂烩"功不可没。

2008年秋天,Ringer Hut着手开发"蔬菜满满大杂烩"。当时正值次贷危机带来全球经济危机,消费低迷,餐饮公司都开始实行降价政策,但Ringer Hut反其道而行之。Ringer Hut分地域对商品进行定价,在有些地区,平常450日元一份的杂烩面可能会提价到490～550日元。此外,Ringer Hut还将"蔬菜满满大杂烩"作为主力产品,定价为650日元。

优惠券一再压缩利润空间

Ringer Hut并非盲目地提价。以往,Ringer Hut使用的蔬菜原材料一大半都是进口的,但如今,米滨社长将原材料全都换成

了日本国产蔬菜,更新了杂烩面等主力商品。米滨英和预测:
"如果我们打出国产蔬菜所独有的新鲜度和安全性这张王牌,即
使提高价格,消费者肯定也会欣然接受。"事实证明他的推断是
正确的。如今越来越追求营养和健康的城市消费群体,对
Ringer Hut 的这一举措给予了很高的评价。

别看 Ringer Hut 现今的发展态势良好,但在 2008 年以前,
这家企业曾经一度徘徊在亏损的边缘。2005 年,Ringer Hut 招
来原日本麦当劳公司社长八木康行,委任他为公司社长。

八木效仿他在麦当劳时的举措,通过分发大量优惠券招徕
顾客,并企图以此提高营业额。麦当劳这类快餐店通过推出套
餐,促进消费者购买利润率较高的小食,因此能保证一定的利润
率。但是在 Ringer Hut,这种策略却未能实现预期的目标。

虽然来店消费的人数和营业额实现了暂时的增长,可是饺
子等非主流产品的点餐率却并没有得到提高,因此利润空间遭
到了压缩。结果,2007 年 2 月期和 2008 年 2 月期的营业额经
常收益分别只有 0.4% 和 1.2%。2008 年 9 月,在预见到 2009
年 2 月期必然会出现亏损之后,八木辞去了社长一职。

在这个非常时期,创业家出身的董事长米滨兼任了社长一
职。2005 年,米滨曾暂时让出了社长职位,但此时他感到,"再
不挺身而出,公司就可能面临倒闭的危机"。所以,他不得不打
破自己定下的"除非是刚好在任期中,否则在 60 岁必须退休"的
规定,在 64 岁之际,再次挑起了社长的重任。

50家门店被迫关闭，史上最大危机

再次就任社长后，米滨马上召开了紧急董事会，讨论 Ringer Hut 今后的发展方向。他首先提议，关闭50家业绩欠佳的门店。虽然仅此一项就有可能导致公司损失8亿～9亿日元，但他态度坚决地提出"一年内必须完成"，这也让与会的董事们切身体会到了公司所面临的危机的严峻性。

在此基础上，米滨还提出了三项重组策略。第一，取消优惠券促销项目；第二，推出能象征 Ringer Hut 变革的新产品；第三，生产部门，也就是蔬菜等原材料加工厂要加强成本控制，不断降低成本。米滨希望，Ringer Hut 应该回到最初的起点，重新寻找门店工作人员引以为豪的、美味的，同时能得到消费者肯定的产品。

很快，第一项策略就得到了实施。米滨就任社长的第二个月，也就是2009年10月，取消优惠券的工作就已部署完成。虽然销售部门的许多骨干十分担心这一举措可能会影响门店的营业额，但是米滨坚持认为，Ringer Hut 的所有员工必须以自豪的姿态来销售公司的产品，而并非依靠降价促销。

对于第二项策略，米滨早已胸有成竹。当时恰逢食品的安全问题成为民众关注的焦点。于是，米滨打出安全食品这一张牌，提出将门店所用蔬菜全部替换为日本国产蔬菜，为消费者提供安全感。米滨命令干部在一年内完成这一改革。

Ringer Hut 每年蔬菜消耗量高达 12400 吨以上，采购部门要在一年内完成如此艰巨的任务并非易事。但米滨坚持认为，只有在一年时间内完成该任务，才能体现 Ringer Hut 变革的决心。于是，Ringer Hut 开始了新一代的，以日本国产蔬菜为原材料的杂烩面开发项目。

2009 年 2 月，新一代杂烩面开发完成。以此为契机，米滨在全公司范围内召开了 Ringer Hut 经营方针发布会。在发布会上，他宣告了新一代杂烩面的问世，并决定从当年 4 月份开始，在静冈和鹿儿岛范围内试销这一新产品。

召开发布会时，Ringer Hut 正面临预计 24.34 亿的亏损，所以并非所有员工都看好上述决议。但是 Ringer Hut 静冈互通口店的店长柴田幸荣却说："原材料全都来自国内自产蔬菜，真是太好了！"对这一全新的尝试抱着期待的员工也渐渐增多。

从不看菜单直接点餐的顾客身上看到改革的成效

在研究开发新一代杂烩面的同时，全国各地的门店面临着严峻的考验。因为取消了优惠券等促销活动，2008 年 12 月开始，既存门店的营业额与上一年度同期相比，呈下降趋势。

2008 年 11 月，种川浩之正是在这样不利的环境中就任销售部部长的(后改任 CSR^① 推进科科长)。当时,种川的管辖范围是神奈川和静冈两个县的销售工作,他还兼任了静冈地区的区域经理,负责门店的管理。在各门店实地考察时,种川不断向员工呼吁:"趁着当下客流量急剧减少,我们更应该提高装盘技能,训练服务用语,为消费者提供更加优质的服务。"

当决定在静冈试销新研制的杂烩面时,种川召集各门店的工作人员举行了会议。在会上,他让所有人试吃了新研制出的杂烩面,并向大家呼吁:"要改进质量、服务、卫生方面的一切问题,向顾客满怀自信地销售该产品!"他还要求每位工作人员在试销日之前提交一份决意书,就如何改进服务等问题发表自己的意见和感想。

各门店也很配合种川的工作。在 QSC 方面较其他门店稍显逊色的一些门店里,年轻的学生打工者自发地在餐桌中放置调查问卷,收集消费者的意见和建议。种川回忆起当时看到员工的这一举动时,说道:"作为一名区域经理,我从这些员工身上学到,只要真心实意地为消费者服务,最终一定会得到消费者的肯定。"

经过上述准备,2009 年 4 月,静冈和鹿儿岛地区各家门店的试销活动正式开始。销售从一开始就进行得十分顺利。当

---

① CSR,Corporate Social Responsibility 的简称,中文称之为企业社会责任,是指企业在商业运作中对其利益关系人应负的责任。——编者注

然,这一过程中还是出现了没有预见到的问题,Ringer Hut 静冈互通口店的"蔬菜满满大杂烩"点餐率过高,加之后厨必须翻炒原来两倍量的蔬菜,导致平均上菜时间比目标值晚了 3 分钟以上。

在试销开始后不到一个月,米滨就前往 Ringer Hut 静冈互通口店视察。下午 3 点左右,他像一个普通消费者一般走进店里点餐吃饭,他的旁边坐着一位商务人士。这位顾客一坐下来就点了"蔬菜满满大杂烩",似乎是专门为了吃这道菜而来的。这让米滨感到了将新产品推向全国的可行性。

虽然试销活动的势头良好,但在 10 月份推广至全国之前,Ringer Hut 在定价方面仍然摇摆不定。因为原材料全都来自日本国内,每份杂烩面的成本上涨了 25 日元左右。另外,为了配合新产品的上市,Ringer Hut 全面更换了容器,提高了服务质量。Ringer Hut 认为,在试销时期,这些作为提高产品附加值的举措是可以得到消费者的认可的,因此将原本 450 日元的定价提高到了 500 日元左右。但要推广到全国,这样的价格是否合适呢,公司内不乏各种各样的声音。

最终作出决定的仍然是米滨。经过深思熟虑,他决定不改变试销期间的定价,即普通的杂烩面定价为 490~550 日元,"蔬菜满满大杂烩"的价格则为 650 日元。基于试销时期的市场反应,他认为"提高 100 日元左右,大众还是乐于接受的"。

效仿丰田模式，工厂再现活力

在对门店进行改革的同时，米滨也致力于在工厂实行降低成本的措施。

取消优惠券促销之后，以国产蔬菜为原材料的新一代杂烩面尚未在全国范围内上市销售，这一时期，既存店铺的营业额的减少是不可避免的。但米滨表示，决不允许出现连续两年赤字的情况。因此，在营业额减少的前提下，为了提高利润率，必须让工厂降低生产成本，提高竞争力。

Ringer Hut 的生产部门自 20 世纪 90 年代起就开始效仿丰田式生产方式，实行开源节流的措施。但在米滨离任社长一职期间，这些措施却被忽视了。重新就任社长后，米滨在视察佐贺工厂（佐贺县神崎郡）时，用玩笑的口吻说道："工厂毫无生气啊！"并向公司董事兼生产总部部长前田泰司以及工厂的工作人员询问原因。

他得到的回答是，自 2006 年开始，公司将炒饭的生产交给了外部工厂。这使得公司工厂的工作人员感到，工厂之前所进行的一系列改革都被否定了。找到症结所在，米滨即刻决定，从 2009 年 4 月起，将炒饭的生产交回本公司工厂，并花费数千万日元更新设备。米滨还一次不落地参加了佐贺工厂每月一次请外部顾问主讲的学习会。他的态度鼓舞了工厂的工作人员，生产部门重新找回了从前生气勃发的状态。

生产部门改革的积极性在新的蔬菜加工流水线上也发挥了作用。为了保持蔬菜的新鲜度，前田制定了方针，必须遵照丰田汽车公司的"Just in Time"原则，及时将加工好的原材料送至各门店。因此，在新式杂烩面上市销售之际，各生产部门都优先整顿流水线，以保证生产的稳定性。一开始，流水线上需要23名工作人员，经过半年多的各项改造工程后，仅需要13名工作人员，大大节省了人力成本。

例如，Ringer Hut改良了葱的加工流水线。在以前，工厂必须根据每个门店需要的量在包装时进行称重。而蔬菜的重量各不相同，因此正确计量是一件十分费时的事。以前这项工作是人工完成的，需要两名人手。Ringer Hut的设备部门自主研发了一种新型计量装置，误差在10%左右。如此一来，称重工序得以实现自动化，最后只需一名工作人员手工进行微调即可。

下一步是提高服务水平

扎实稳健的改革措施确实降低了工厂的生产成本。就拿蔬菜的加工流水线来说，与改革前相比，现在的生产体系年均节省的成本高达4亿日元，前田对此感到非常自豪。

改革的成果在2010年2月期的决算数值中也体现了出来。这一期结算的营业总额为323.83亿日元，与上一年度同期相比减少了8.5％,但是经常收益却达到了7.83亿日元,为上一年度同期的27倍,最终赢利达到了5.21亿日元。2009年12月开始,既存店铺的营业额呈现上涨的势头,由此可见,2011年2月期结算时,Ringer Hut将有望实现营业额与利润的双增长。

Ringer Hut在为所取得的成果欢呼雀跃的同时也仍然没有放松警惕。2010年2月,消费者的投诉量达到了每月200次。此时,已经调任为CSR推进科科长的种川反省说:"顾客越来越多,导致店内出现混乱,工作人员在装盘时也有所疏忽。"自2010年3月起,他利用公司内部博客,在全公司范围内通报消费者的投诉情况以及相应的处理办法。

而后期的反馈也显示,这一措施成效显著。4月份时的投诉量已经减少了一半。大家都期待着这些举措能提高消费者来店用餐的次数,并进一步提升营业额。

Ringer Hut 绝地反击大事件表

2008 年	9 月	4 日,时任 Ringer Hut 社长一职的八木康行辞职。董事长米滨和英兼任社长。
		董事会决定关闭 50 家亏损门店,取消优惠券,恢复炒饭自产体制。
		公司决定开发"蔬菜满满大杂烩"等以国产蔬菜为原材料的新产品。
2008 年	10 月	停止发放优惠券。

2009 年	2 月	受关闭 50 家门店的影响,2009 年 2 月期决算显示,Ringer Hut 亏损 24.34 亿日元。
		公司决定在静冈和鹿儿岛试销"蔬菜满满大杂烩"等新产品。
2009 年	3 月	静冈和鹿儿岛的所有门店暂时停业。两个地区的所有员工都参加了新一代杂烩面的试吃活动,并表明决心。
2009 年	4 月	"蔬菜满满大杂烩"等新产品开始在静冈和鹿儿岛试销。
		恢复炒饭自产体制。
2009 年	7 月	试销范围扩大到千叶县、熊本县。
2009 年	9 月	新一代杂烩面、蔬菜满满大杂烩等新产品的定价工作顺利完成。
2009 年	10 月	"蔬菜满满大杂烩"在全国范围内上市销售。
2009 年	12 月	既有门店的营业额与上一年度同期相比,涨幅高达100%。之后,营业额实现稳步增长。
2010 年	2 月	2010 年 2 月期决算显示,虽然营业额减少,但公司赢利却达到了 5.21 亿日元,是去年同期的 27 倍之多。2011 年 2 月期决算时,有望实现营业额与利润的双增长。

YAMASA 酱油

项目概要

YAMASA 酱油株式会社（以下简称 YAMASA）创立于 1645 年，至今已有 300 多年的历史。近年来，酱油市场正逐渐缩小，在这样的背景下，YAMASA 开发出了一种新型容器，使产品在开封 70 天之后依然能保持新鲜，也因此得到了消费者的青睐。2009 年 8 月，仅在日本东京范围内上市销售的新产品"YAMASA 滴滴鲜美特选酱油"大受欢迎，仅半年时间，销量就达 100 多万瓶。以往，YAMASA 在市场竞争上总是落后于龟甲万公司，可是随着 YAMASA 推出畅销产品的 500ml 小瓶装，公司的市场占有率持续增长。在风投机构的协助下，YAMASA 首创了一种保鲜容器，即使开封后，空气也不能进入容器内部，使得产品可以长时间保持新鲜度。在容器的命名和外形设计上，YAMASA 还特地邀请了公司外部的市场营销专家来共同策划。其中，最大的难题在于攻克这种新型容器的量产技术。不仅如此，该项目的负责人竟在项目正式启动前就通过电视节目向广大消费者预告了新产品的发售。这使得工厂的开发团队大为震惊，同时也使他们士气大振。

2010 年 4 月 2 日,星期五,位于 JR 京叶线海滨幕张站附近的永旺幕张店内,YAMASA 的销售负责人正忙于布置商品专柜。店内购物的消费者并不多,因为这天关东地区遭遇强台风,最大风速达到了每秒 20 米,造成京叶线从始发时刻至中午时分全线停运。

虽然眼下卖场冷冷清清,但是 YAMASA 的卖场负责人却想象着周末顾客纷至沓来,在自己布置的货架前停留的情景。在日本,酱油市场已经发展得相当成熟,这种商品也很少有机会被摆放在只有畅销产品才有机会露面的"end"(通道与货架相交的地方)上。但货架上的 500ml 装"YAMASA 滴滴鲜美特选酱油"系列产品自 2009 年 8 月 24 日在东京范围内上市销售后,仅半年时间销量就达 100 多万瓶。因此,人们对该产品的期望值也大大提高。

"YAMASA 滴滴鲜美特选酱油"的特色并不在酱油本身,而在于其新开发的容器。这种容器的特殊之处在于开启后,空气也很难进入容器内。一般来说,酱油接触到空气后会发生氧化反应,造成变质,大约一个月之后,泛红的酱油就变成了黑色。但是使用这种新型容器后,酱油开启后在常温状态下能保持 70 天内不发生氧化反应。这不仅保持了产品的鲜度,也使消费者意识到了产品新的附加值,成功提高了该产品的市场占有率。

在小瓶装领域慢人一步

　　YAMASA 的常任董事兼销售部部长久野达在谈及"YAMASA 滴滴鲜美特选酱油"时,以玩笑的口吻说道:"这可是(我们)孤注一掷的产品啊!"他用这个成语,突出了"YAMASA 滴滴鲜美特选酱油"上市销售的背景,是 YAMASA 陷入危机之时。

　　较长一段时期以来,日本的酱油市场一直处于逐渐缩小的状态。日本总务省的家庭收支情况(两人以上的家庭)调查结果显示,日本每个家庭月平均酱油购买量从 1985 年的 1200ml 降低到了 2008 年的 636ml,减幅接近一半。随着消费者饮食的多样化,酱油购买量逐渐减少,酱油生产商也逐渐淘汰了 1 升装的产品,将重点放在了小瓶装产品的销售上。彼时,在日本酱油市场中居于第二位的 YAMASA,也在 500ml 装酱油市场上历经苦战。

　　自 2008 年春天起,各大酱油生产商都将产品的零售价格提高了 10% 以上。因为大豆和小麦等原材料以及原油价格的大幅度提高,酱油业界不得不重新定价,这次调价距离上一次已经有 19 年之久了。但是,行业内的调价步调并不一致,有些厂商稳定价格不做变动,也有些零售店更倾向于便宜的品牌。久野表示:"价格发生变动后,我们和其他企业间产生了巨大的价格差异。"

"滴滴鲜美特选酱油"正是在这样不利的市场环境下推出的。市场调查公司 KSP-SP 的调查结果显示,在"YAMASA 滴滴鲜美特选酱油"上市销售前的 2009 年 1 月至 7 月期间,YAMASA 的 500ml 产品在日本东京的市场占有率仅为 3.4%。但从 2009 年 8 月起至 2010 年 2 月,这一指数上涨了 10%,达到了 14.2%。包括 1 升装在内的所有产品的市场占有率与上一期相比,从 15.4% 提高到 15.8%,实现了小幅增长。

实际上,YAMASA 从 2003 年就已经开始构思新产品,以求打开困难局面了。提出新构想的是时任市场部商品开发科科长的藤村功,目前他已担任市场部营销推进科科长。他曾在 1999 年主持了"YAMASA 海带橙醋"的开发项目。也正因为"YAMASA 海带橙醋"作为酱油的替代品,深受消费者青睐,让藤村功切身体会到了传统酱油市场正在不断缩小。

如果一个家庭消耗的酱油量在不断减少的话,用完一瓶酱油的时间就延长了。这造成酱油鲜度的降低。而消费者食用了这样的酱油后,便会越来越远离酱油。于是,藤村琢磨着,能否开发出一种隔离酱油和空气的容器。

他说服了生产部生产企划科科长关口郁二和酿造部酱油研究科科长山崎达雄,打算一同开发内置隔离盖以隔绝空气的玻璃瓶,但是后来开发出的容器里面看上去像是漂浮着异物,因此这一构思以失败告终。

歪打正着，实现技术合作

一年以后，任某机械公司常务董事的二濑克规与几位大学教授共同发表的一篇论文引起了关口的注意。这篇论文的篇幅为 5 张 A4 纸，主要内容是介绍一种叫作"PIC（Pouch In Carton）"的新型容器。这种容器的口上覆盖着一张非常薄的膜，倾斜瓶身即可倒出液体。倒完之后，残留在容器口的液体便附着在薄膜上，隔绝空气，起到盖子的功能。也就是说，这种容器利用了液体附着在薄膜表面的"毛细管作用"，实现了相当于逆止阀的作用。这正是藤村他们所需要的，能隔绝空气进入容器内的技术。

只是，论文里这种容器并不完全符合他们的想法。具有逆止阀作用的袋子是内置在纸箱内的，不能直接应用到酱油的容器上，因为纸箱的材质是很难让人确认容器内液体的剩余量的。2007 年，二濑想出办法将纸箱改为塑料板拼接而成的盒子，终于使得该技术得以应用于酱油瓶的生产。

当时，多家食品生产商听闻了该新技术后纷纷邀请二濑克规创办的企业——悠心，为他们开发新产品。但是二濑还是选择了 YAMASA 作为自己的合作伙伴，这其中有两个原因至关重要。

第一是因为藤村功的热情无人能及。当其他公司纷纷表态

"先从限时性的试销开始"之时,只有藤村放言:"我们将以在全国范围内正式上市销售为目标。另外,我们打算投放电视广告,重点宣传容器的优势所在。"

第二个原因则是双方签订合约的方式。悠心在与前来洽谈开发合作的各个公司交换保密协议时,其他企业的合同上盖的都是分管该合作项目的董事的章,只有藤村带着盖有 YAMASA 董事长印章的合同书来到了悠心,这也使二濑深深感受到了 YAMASA 的诚意。不过,此事只能说是歪打正着。YAMASA 的董事长滨口道雄就任以来就身兼商品开发部门的负责人一职。藤村取得的这个商品开发部门负责人的印章,恰好就是兼任此职的董事长的印章。

总之,藤村与二濑为了开发出"日本发明的、世界首创的容器"并投向市场而走到了一起。这是继玻璃瓶、罐头、纸盒、塑料瓶以及方便面的调味料所使用的复合材料包装袋之后,被称之为"第六代"的又一新型容器。

把产品命名与外观设计交给其他公司

经过讨论,藤村和二濑决定采用双层构造的包装,将带有逆止阀的袋子装入另一个包装当中。另一方面,藤村找到了在市场营销负责人学习会上认识的熟人,以帮助 YAMASA 向广大消费者宣传保持产品鲜度的重要性。

此人正是大型照片数据服务商 AMANA 公司开发部事务开发科科长竹鹤孝太郎。他是日本 NIKKA WHISKY 株式会社（以下简称 NIKKA）的创办人竹鹤政孝的孙子，在进入 AMANA 公司前，曾在 NIKKA 和收购 NIKKA 的朝日啤酒公司担任商品开发负责人，也曾作为品牌顾问而大显过身手。

"祖父（竹鹤政孝）常说，'高档商品的口感味道更好是理所当然的事。即使是价格低廉的商品，只有得到消费者的认可后，才可称为真正意义上的商品。'"竹鹤孝太郎如是说。当竹鹤得知 YAMASA 希望以 270 日元的销售价格推出以新鲜为卖点的酱油新产品时，他表示："深深感受到了 YAMASA 酱油回归原点一决胜负的决心。"

竹鹤所负责的是产品的命名和包装设计。"滴滴鲜美特选酱油"这一名称中所包含的不是酱油的容量和价格，而是 YAMASA 希望凭借每一滴酱油的独特口感来打开市场的决心。在第一次听到这个名称时，藤村也十分喜欢。而在外观方面，竹鹤决定使用白色包装。在摆满黑色调味料的货架上，消费者肯定会下意识地多看两眼与之形成强烈对比的白色。而对于零售商来说，较显眼的包装也能激发他们的销售欲望。因此，竹鹤认为白色是最适合的颜色。

外观设计进行得很顺利，但是在生产体系的确立方面，YAMASA 遇到了难题，他们在量产技术、运输以及保存等品质管理的完善方面花费了许多时间。悠心公司所设计的填充装置在 YAMASA 的工厂里也一度并没能发挥出预想的作用。

在电视节目上预告发售活动，激励工厂

在 YAMASA 的工厂里,山崎等开发团队成员可谓是吃尽了苦头。可就在此时,一件意想不到的事更令他们火烧眉毛。

2009 年 6 月 3 日,二濑出其不意地出现在了东京电视台《世界经济卫星报道》这一档新闻节目中。山崎等工厂的工作人员事先接到过通知,称节目中将介绍悠心公司开发的"隔绝空气"的容器技术。但是藤村也意外地出现在了这期节目中,并声称,这种新型容器将在秋季上市。观看节目的关口大吃一惊,情不自禁就对着电视喊道:"喂,开什么玩笑!"

在关口等人看来,藤村这次的动作实在是有些操之过急,有逞强之嫌。YAMASA 原定于 7 月召开记者发布会,但是现阶段填充装置的设计进展未能如预想般顺利,他们正打算在 6 月 17 日之前再决定原定的发售活动是否能如期举行。

藤村当然十分清楚工厂的情况,但是他也有自己的理由。他表示:"我希望能尽早开展面向零售商的宣传活动。2 月份时,龟甲万公司已经推出了 750ml 装的新产品。所以在秋季前,我们必须得推出新产品才行。"于是他棋行险招,先向外界放出了推出新产品的消息。

新产品的生产是由 YAMASA ORM 长塚工厂负责的。

2009 年 4 月时刚刚就任该工厂厂长一职的石毛雅人干劲十足，他表示："这绝对是世界首创的容器！所以无论如何，我都要把它生产出来。"长塚工厂是 YAMASA 从其他食品生产商手中购买来的，在生产"滴滴鲜美特选酱油"之前，有时一个月仅有 10 天的时间在运转，所以这次重要的任务令工厂里所有人都干劲十足。石毛在把握新装置的特性以及培养专门的操作人员方面花了很大的力气。工厂的技术人员也是如此，为了能使工厂顺利运转，他们常常工作到深夜，甚至休息日也主动加班。

完成不了一千个，就再做两千个

为了实现量产技术，二濑在位于铫子市的长塚工厂待了两个多月的时间。结束了一天的工作以后，他还要求位于新潟县的公司总部寄来改进生产设备所需要的零部件。在铫子市工作的每一天，他都重复着往返于工厂、酒店以及配送零部件的雅玛多黑猫快件集散中心的生活。二濑说："今天想做出一千个但没有完成，那么明天我们就努力去做出两千个。YAMASA 的员工们就是以这种积极向上的态度来应对的。"

在经过无数次的尝试和实验之后，石毛和二濑终于摸索出当新容器的填充速度达到预定值的 7 成时，便不会对生产造成影响，于是他们决定降低填充装置的速度。藤村也放弃了同时推出多款新产品的想法，决定集中力量在东京范围内推广"特选酱油"。

　　YAMASA 全公司上下也都一心致力于新产品的推广。时隔 30 年之久，YAMASA 再次召开了大规模的新闻发布会。另外，YAMASA 还 12 年来首次制作了酱油产品的电视广告。常务董事久野在记者招待会结束之后便切实地感受到了外界对新产品的期待。以往在任何一个超市，酱油都被作为特卖商品。当厂家向零售商推销新产品时，得到的第一个回应大多是"能便宜多少"。但此次"滴滴鲜美特选酱油"的洽谈中，没有一个买家要求降价。

　　此时，久野还兼任东京分店的店长。2009 年 10 月新产品上市后，他安排店里的员工以两人一组的形式进驻超市，进行推广销售活动。这种动员主要负责人以外的员工加入到营销活动中的形式在啤酒公司中较为多见，但是对于 YAMASA 来说是史无前例的。不少员工表示，有消费者问起"有没有盐分含量低的酱油"。于是，以前与消费者少有接触的 YAMASA 充分利用了员工所获得的信息，于 2010 年 2 月增加了"丸大豆酱油"和"低盐酱油"等新产品，并迈出了将新产品推向全国的重要一步，完成了企业的夙愿。

　　毫无疑问，大型酱油公司一决雌雄的关键点正转向小型容器。而藤村耗费 6 年多的时间开发新型容器的这份执着的心，也使得 YAMASA 的企业文化慢慢地发生了变化。"从以前那种'含蓄'的氛围变得更加积极进取了。"藤村如是说。

Dr. Ci: Labo

客服、网络、实体三方面改革，

重新走上正轨

项目概要

　　1999 年 2 月，医学博士城野亲德创立了 *Dr. Ci: Labo*（城野医生）株式会社，该品牌护肤品的卖点"基于医生的处方"，被称为是"药妆"的始祖。随着网上商店、百货店以及药妆店等销路的扩大，*Dr. Ci: Labo* 迅猛发展。2005 年 2 月，*Dr. Ci: Labo* 在东京证券交易所挂牌上市。但是公司旗下 2003 年冬季投入市场的年轻品牌"*Labo Labo*"也在这时发生销售危机。加之由于快速发展带来的负面影响，*Dr. Ci: Labo* 内部出现了混乱。此时，城野决定将信息系统和销售制度的改革交由首席信息官神户聪负责。神户聪从客服中心业务的关键绩效指标改革、信息技术强化、药妆店巡查员的增加，这三个与消费者息息相关的方面着手，开展改革工作，最终取得了显著的成效。2008 年，公司业绩发展重新回到正轨。改革前一直处于亏损状态的"*Labo Labo*"也在 2010 年 7 月扭亏为盈。

回忆起 2003 年 12 月上市销售的面向 25 岁以下年轻女性的护肤品牌"Labo Labo"时,Dr. Ci：Labo 的创办者兼董事长城野亲德以自嘲的口吻说道:"我们当时太过浮躁了,研发出的新产品完全是在模仿其他公司。"

为实现公司中长期发展计划,Dr. Ci：Labo 推出了"Labo Labo"这一战略性新产品,这也是该公司旗下的第三大品牌。Dr. Ci：Labo 的主打品牌"Dr. Ci：Labo"面向 25～30 岁的年龄层,另一品牌"Genomer"以 30 岁以上的相对富裕的女性为销售对象,而"Labo Labo"则面向 25 岁以下的女性消费群体,价格也较为实惠。

为了实现长期持续的发展,争取年轻的消费群体是无可厚非的。在当时,城野亲德也绝对没有预料到,这一战略的实施会导致公司内部的混乱局面。

城野的办公室衣架上挂的不是西装,而是白大褂。身为医生的城野具有双重身份,他不仅是 Dr. Ci：Labo 的董事长,还是城野诊疗所的所长。城野诊疗所与 Dr. Ci：Labo 位于同一座大楼中,直到现在,城野仍然会每周一次在诊疗所内坐诊。城野当年学习的是如何使用激光和药品等进行皮肤医疗美容,并于 1994 年开办了城野诊疗所。

上市后，发展态势发生逆转

城野诊疗所研发的护肤品"药用水溶性胶原蛋白凝胶"是城野创办 Dr. Ci:Labo 的契机。这款护肤品含有的刺激性化学成分非常少，口碑极好，引来了全国各地销售商的订货请求。1999 年 2 月，城野依托网络销售系统创办了 Dr. Ci:Labo。2003 年 3 月，Dr. Ci:Labo 在日本 JASDAQ 证券交易所上市，2005 年 2 月，公司在东京证券交易所第一部正式挂牌。

刚在东京证券交易所上市时，投资家对此品牌给予的评价极高——由医师研发的"药妆"的始祖。但是上市后不到半年的时间里，Dr. Ci:Labo 的股价就从最初的 26 万日元迅速跌到了 15 万日元。失望的股民大量抛售该公司股票，业界对 Dr. Ci:Labo 的发展能力也开始持怀疑态度了。

"当时，既有顾客流失的现象十分显著。我们过分依赖于主打产品了。"城野说。

从营业额的增长率上，也可以看出这一时期 Dr. Ci:Labo 发展态势的变化，2003 年 1 月的同比增长率为 83.8%，2004 年 1 月的同比增长率为 48.2%，到了 2005 年 1 月，同比增长率则仅为 26.7%，增长率在不断缩水。到了 2006 年 1 月，这一数值最终跌落到个位数，仅有 9.7%。曾经一度超 30% 的利润率，此时也停滞于 14.5% 了。

城野的处境狼狈至极,几乎打算抛弃让公司"在全日本推广药妆"这一核心理念。为了保全公司,他甚至想过收购运动俱乐部、餐厅等跨行业企业。城野承认,当时他本人心中也十分茫然。

而为实现长期的发展在 2003 年冬天推出品牌"Labo Labo",是城野最大的失算。新产品上市后,销售额一直徘徊在几亿日元之内。在低年龄层市场中,早已有美国的宝洁、日本的高丝、乐敦、芳河等知名度较高的大型企业参与其中,Dr. Ci: Labo 仅凭"药妆"这一卖点,是不可能在竞争中取得胜利的。

同时,面向年轻女性的低端产品并不适合对单人消费额度有一定要求的电子商务模式。因此,企业尝试寻求通过零售商进行批发经营,但因产品的知名度不高,"Labo Labo"在这一领域也没能获得成功。在一段时间里,公司仓库中堆满了被退还的货物。

城野不得不下令召回所有在外库存的"Labo Labo"产品。城野说:"我承担起这次失败的责任,并于 2005 年处理掉了价值 20 亿日元的堆积库存,决定从头开始。"

提高 IT 效率,重视顾客满意度

这一时期,城野已经选中了一名干部担任企业改革的主要负责人。他就是 2002 年时从某家大型广告公司跳槽过来的神户聪。2005 年 9 月,城野任命他为信息系统和网络销售事业部的负责人。后来,神户迅速在公司站稳脚跟并成为董事会网络销售事业部部长、直销部部长、信息系统负责人以及"Labo Labo"品牌负责人,身兼数职。于是,他不仅是公司的首席信息官,还是"Labo Labo"营销工作的负责人。

神户在信息技术和网络销售方面完全是个外行,虽然他现在正努力在虚拟服务器的整合方面开辟一片天地,但当初,他是依靠阅读大量的书籍和相关杂志才学会这些知识的。除此之外,他还去基层进行调研,努力发掘问题所在。

首先引起神户注意的是信息系统投资过剩的问题。只要一线的销售人员提出新的需求,公司往往马上回应,因此系统的建立非常随意和混乱。信息体系和业务流程是以"Dr. Ci:Labo"的单个客户单次购买的平均消费额达到 11000 日元为前提的,而"Labo Labo"的单个客户单次购买平均消费额为 2000 日元,套用这套系统的话,成本就过高了。

神户决心在信息体系方面贯彻"提高成本回报率"的宗旨。在详细了解了公司状况以后,他计算了每种功能的成本回报率,并取消了不产生回报的功能。一年之后,他成功削减了两成以上的系统成本。

另一方面,神户在巡视客服中心的过程中也发现了问题。在进入工作室的那一刻,神户便拉长了脸说道:"这样的待客方式绝对行不通!"当时,客服的总体方针是效率优先,导致每位接线员都皱紧眉头,努力将每一次电话的时间控制在最短。而像"向咨询美白功能的顾客推荐改善皮肤粗糙的护肤品"这种强硬的交叉营销方式也令人觉得不妥。

于是,神户对客服中心进行了改革。他认为,客服中心是咨询的窗口,因此应该尽量延长与顾客的通话时间。他将关键绩效指标由原来的"平均通话时间"改为"年购买次数"。此外,为了使接线员能在长时间的通话中应对顾客有关肌肤护理的各种咨询问题,他还完善了接线员的培训制度。

如此一来,客服中心的平均通话时间增加了2~3成,由于接线员的增加,培训费用也增长了,但是这些做法带来的效果卓著,顾客的年购买次数一下子就提高了。至2006年9月,这个数值相比2005年同期增加了3成,年购买金额当然也随之增加。这使公司能够消化成本上涨的影响。

自2007年起,女性消费者购买化妆品的习惯发生了巨大的变化——年轻女性渐渐习惯直接在网络上购买化妆品。不过,越来越多的消费者选择先在COSME化妆品、美容类网站上充分了解产品的相关信息之后再下单。

但是在神户看来,Dr. Ci: Labo此前的销售网站"如同自动售货机一般枯燥无味"。于是,他在销售网站上创建了"大家的心声"这一评价版块,目前已经有大约7万多名消费者在这里交换了意见和看法。公司的网页负责人和研发负责人也参与其中,大家共同探讨解决皮肤问题的方法。

作为曾经的广告业从业者,神户自然没有忘记将投入到媒体广告的预算进行再分配,匀出一部分经费用于网络广告。随着这些措施的实行,通过电脑和手机网页购买产生的销售额所占比例已经从 2005 年的两成左右上涨到了如今的四成左右。

取消电视广告,加强实体店销售管理

就这样,到了 2008 年,网络销售和客服中心的基础已经稳固了。2008 年 9 月,神户被任命为问题产品"Labo Labo"的品牌负责人。

在这个时期,以药妆店为依托的护肤品市场整体发展态势良好,但是"Labo Labo"的零售业绩仍然堪忧。神户向来重视市场调查,因此在担任品牌负责人的第一周时间里,他就调研了近 50 家药妆店。他见到的情景是,"Labo Labo"的产品被摆放在店铺的角落里,上面积满了灰尘。即使"Labo Labo"在网络上获得了较高的评价,顾客在实体店看到这样的情景,必然也会转身就走的。

神户考虑到药妆店里的管理者不多,店内经营不可能做到面面俱到。因此,他向公司高层建议,取消"Labo Labo"的电视广告,投入经费增派人员专门巡察各个实体店,并帮助整理和销售"Labo Labo"。这些工作人员被他命名为"巡查员"。

此时,公司的社长石原智美对此提出异议。石原认为,"作为一个面向普通消费群体的品牌,电视广告是不可或缺的。"

神户并没有退让,他说:"我们可以用比电视广告少得多的预算,雇用400名巡查员。而这样做的回报率绝对会比投入广告要高得多。我希望消费者能在干净整洁的卖场里买到'Labo Labo'。"

石原终于勉强接受了神户的建议。2009年下半年,Dr. Ci: Labo引入巡查员制度,而电视广告则被冻结至2010年的夏天。

经过一系列的整顿,此前一直处于赤字状态的"Labo Labo"终于在2010年7月实现赢利。网络销售和实体店零售的营业额均有上涨,销售额占全公司销售额的10%左右。

消费者从网络上了解"Labo Labo"这一品牌,在药妆店买到实物,并继续在网上购买——神户构建了这样一个良性循环系统,对此,石原也大加赞赏。石原在公司还只是城野诊疗所的时候就入职了,是骨干人员之一。她坦言:"神户与我的性格截然不同,我们常常发生意见冲突。"但这并不影响她对神户的评价。"尽管我们深知,作为一家发展中的企业,必须打开面向年轻人的市场,但是我和城野在'Labo Labo'的营销中迷失了方向,甚至考虑过退出市场。我们一味循着Dr. Ci: Labo品牌的成功经验,没有沉下心来应对新的挑战。'Labo Labo'能有今天的成绩,多亏了神户。对于这类从多渠道进行改革的工作,他是不二的人选。"

保持高增长率，打入亚洲市场

2009 年 7 月期，Dr. Ci: Labo 的销售额同比增长 19.8%，重新回到了发展轨道上。紧接着，Dr. Ci: Labo 发布了业绩展望数据：至 2010 年 7 月，预期销售额将达到 308 亿日元（同比增长18.9%），经常收益将达到 75 亿日元（同比增长 39.1%）。如果这些预想能得以实现，就可以说 Dr. Ci: Labo 已经再次成功构筑了发展基础。

"Labo Labo"于 2010 年 3 月强化了主力产品，并预定于秋季展开大规模的宣传活动，包括重新播放电视广告等。2011 年7 月期对于 Dr. Ci: Labo 来说，是至关重要的一次决算。

城野董事长在谈及海外市场扩张战略时激动地表示："我们想扩大在日本甚至整个亚洲范围内的药用化妆品市场。我们的目标是发展成为像宝洁、欧莱雅那样的大型跨国企业。"石原社长则比较冷静地说："城野董事长有些操之过急了。在公司内部体制得到完善之前，我们必须慎重，'踩刹车'是我的职责所在。"

看来今后，Dr. Ci: Labo 在不断发展"Labo Labo"销售事业的同时，还必须完善面向海外市场的销售体制才行。

后记

　　　　书从《日经信息战略》杂志连载专栏"改革的轨
本　　迹——那些项目的背后"中选取了 15 个企业案例，
并进行了重新整理和编写。书中所出现人物的职位及事件以当
时为准。

图书在版编目（CIP）数据

绝境大逆转/《日经信息战略》杂志编著；许璐玮译.
—杭州：浙江大学出版社，2013.5
　ISBN 978-7-308-11341-0

　Ⅰ.①绝… Ⅱ.①日… ②许… Ⅲ.①企业管理—
经营决策—案例—日本 Ⅳ.①F279.313.3

中国版本图书馆 CIP 数据核字（2013）第 067543 号

SAISHO NI TOBIKOMU PENGUIN NI NARE! by Nikkei Information Strategy.
Copyright © 2011 by Nikkei Business Publications, Inc. All rights reserved.
Originally published in Japan by Nikkei Business Publications, Inc.
Simplified Chinese translation rights arranged with Nikkei Business
Publications, Inc. through CREEK & RIVER Co., Ltd.

浙江省版权局著作权合同登记图字：11-2012-234

绝境大逆转

《日经信息战略》杂志 编著　许璐玮 译

策　　划	蓝狮子财经出版中心	
责任编辑	胡志远	
出版发行	浙江大学出版社	
	（杭州市天目山路 148 号　邮政编码 310007）	
	（网址：http://www.zjupress.com）	
排　　版	杭州中大图文设计有限公司	
印　　刷	浙江印刷集团有限公司	
开　　本	880mm×1230mm　1/32	
印　　张	6.125	
字　　数	120 千	
版 印 次	2013 年 5 月第 1 版　2013 年 5 月第 1 次印刷	
书　　号	ISBN 978-7-308-11341-0	
定　　价	29.00 元	

版权所有　翻印必究　　印装差错　负责调换

浙江大学出版社发行部邮购电话　（0571）88925591